KB004541

위험한 사전

의 한 마 사 전

MY TOXIC WORDS, FROM SHOULDISM

나만 몰랐던 나의 말버릇, 슈디즘에 중독되다

전해자 지음

초록비책방

차 례

머물다, 함께 < 2 >

슈디즘이 내게 던진 10개의 질문

시작하다, 다시

두려움을 넘어 사랑이 나의 말버릇이 될 때까지 /339

나만 몰랐던
나의 말버릇이라니

내게 그런 말버릇이 있다고?

친구들 사이에서 이름 대신 '쉽게 말하자면'으로 통하는 이가 있다. 그의 말버릇 때문이다. 걸핏하면 '쉽게 말하자면…'으로 말문을 연다. 나름 '배려'라 여기는 걸까. 아님 별 뜻 없이?

오랜 의사생활에서 생긴 버릇일 수도 있다. 환자들이 알아듣게 설명해야 할 입장이었을 테니 말이다. 어찌 되었든 들을 때마다 거슬렸다. 그는 결코 말한 적 없는 고약한 속말이라도 들은 것처럼. 이를테면, '이렇게 어려운 걸 설마 너희들이 알아들을까?'

으~ 나만 느낀 게 아니었나 보다. 한번은 그의 입에서 또 '쉽게 말하자면…'이 나오기에 단박에 말을 끊었다.

"어디 한번 어렵게 말해보소.
우리가 알아듣나 못 알아듣나 좀 보게~"

모두가 빵 터졌다. 그 말버릇의 주인장만 빼고 말이다. 이게 대체 무슨 시추에이션? 벙~찐 그의 표정을 보니 정작 본인은 사태 파악이 안되는 눈치다.

그 이야기를 다른 모임에서 무용담처럼 전했다. 듣고 있던

한 선배가 맞장구 대신 내게 농담하듯 묻는다.

"그럼 우리는 너를 '아니~아니~'로 불러야 하나? 툭 하면 너 그러잖아, 아니~아니~ 그게 아니고~"

아니~ 내가 언제? 억울해서 주위를 둘러보니 다들 의미심장한 미소를 짓고 있다. 당혹스러웠다. 그날 모임은 '아니~아니~'밖에 기억이 안날 정도로. 내가 정말? 어쩌다 그런 말버릇이 붙은 거지?

곰곰 생각해보니 '나는 맞고 너는 틀리다' 이 말을 하고 싶었던 것도 같고…. 그럼 이 사람들, 나도 몰랐던 나의 오만한 속내를 다 듣고 있었던 거야? 목덜미가 홧홧해졌다.

너무나 사소해서 더 정직한 나의 말, 나의 부사

어디까지 '나의 말'인 걸까? 내가 뱉은 말은 물론 내가 삼킨 말, 내가 품은 말, 내가 믿는 말까지 모두 '나의 말'이다. '남의 말'을 떠올려보면 금방 고개를 끄덕이게 된다. 나와 관련된 혹은 마음이 쓰이는 민감한 '남의 말'일수록 특히 그렇다. 어디 그가 입 밖으로 뱉은 말뿐이랴. 그의 말투, 눈빛, 표정, 호흡, 몸짓, 행동… 어느 것 하나 놓치지 않고 듣는다. 수백만 개의 땀구멍까지 동원해서 보고 듣고 맡고 느낀다. 곱

씹고 되새긴다. 의식하든 안하든 그야말로 온몸이 입이 되어 전하는 그의 말을 온몸이 귀가 되어 듣는다. 그런데 정작 '나의 말'은?

당혹스럽다. 그나마 내가 뱉은 말만큼은 잘 챙기려니 생각했는데… 그것도 아니었어. 특히 너무나 사소해서 자주 놓치게 되는 나의 말. 어디 '아니~아니~' 뿐일까. 말하는 나는 입버릇처럼 달고 살면서도 그런 줄 몰랐는데 듣는 상대는 내내 신경 쓰고 있었던 '나의 말'들. 예를 들면,

앞서 그 친구의 **'쉽게 말하자면'**처럼.

나의 '아니~아니~'를 일깨워준 그 선배의 **'당연히'**처럼.

'한국인은 김치, 여자는 치마'를 포기 못하신 내 어머니의 **'원래'**처럼.

유난히 과장되고 극단적인 표현을 즐겨 쓰는 트럼프의 **'무지무지 엄청나게**very tremendously**'**처럼.

카페에서 이 글을 쓰고 있는 지금, 옆 자리에서 큰 소리로 분기탱천 통화하는 저 아저씨의 **'감히'**처럼.

그리고 지난여름 우연히 듣게 된 도스토옙스키의 **'갑자기'**처럼! (그때 난 도스토옙스키 10주 특강을 들었다. 매주 엄청난 이야기를 듣고 왔지만, 지금 내가 또렷하게 기억하고 있는 건 '갑자기'뿐이다. 강사가 그야말로 부사처럼 흘린 한 마디. "도스토옙스키의

작품 속엔 유독 '갑자기' '문득' '돌연'과 같은 부사가 자주 출몰합니다. 갑자기 튀어나오는 '갑자기' 때문에 작가 자신도 놀랄 만큼!" 오호, 세상은 그때도 예측불허였던 걸까. 알 수 없는 세상을 바라보는 그의 불안한 시선이 느껴졌다. 그런데 부사라니!)

그러고 보니, 부사나 부사구다. 내게는 그저 명사나 동사 혹은 형용사에 붙은 군더더기쯤으로 여겨지던 말. 의식적으로 골라 쓰고 꾸며 쓰게 되는 다른 말들에 비해 크게 신경 쓰지 않았던 말이었다. 사소하다고 여겨지는 것들을 그렇게 대하듯, 무심히 썼다. 오히려 속내가 있는 그대로 드러나는 말인 줄도 모르고…

너무나 사소한 것들의 정직함. 그래서 더 강렬한 존재감! 덕분에 그 말의 주인이 진짜 무슨 생각을 하고 있는지, 지금 어떤 마음인지 실제 성향은 어떤지 단박에 느낄 수 있다. (오죽하면 부사를 동사의 '적ad-verb'이라 부를까!)

남의 말로 들을 땐 진즉에 느꼈을 터. 그런데 나의 부사를 정작 나는 알아보지 못했다. 마치 나의 뒷모습처럼. 몰랐던 부사의 진면목, 내게 그 정점은 '슈디즘should-ism'이다.

슈디즘의 용병이 된 나의 말, 나의 부사들

　슈디즘? 낯선 이름이다. 그런데 왠지 그 말투, 너무나 익숙하다. **해야만 한다. 해서는 안 된다.** 너무나 마땅하고 당연해서 반드시 그래야만 하고 절대로 그래서는 안 된다는 당위에 사로잡힌 신념. 확신에 찬 고정관념. 그런 생각에 강박적으로 매달리는 태도가 슈디즘이다.

　마땅히? 반드시? 절대로? 에이, 꼰대라면 모를까. 요즘 같은 세상에 무슨 그런 시대착오적인 이야긴가 싶을 수도 있다. 그렇다면 다음과 같은 상황을 한번 들여다보시길.

　그 친구가 또! 늦는다.
　처음엔 그럴 수도 있지 싶었지만 (이해했다. 아니 참아줬다!)
　몇 번 반복되니 화가 난다.
　약속시간을 어기다니! ☜ **삐뽀~ 삐뽀~ 슈디즘 작동!**
　약속시간은 (반드시) 지켜야만 하는 거잖아.
　약속시간에 (절대로) 늦어서는 안 되는 거라고!

　슈디즘은 그 친구가 왜 늦었는지 물어보고 싶지도 않게 만든다. 그 친구의 성향이 어떤지 모르는 바도 아니면서 고려하고 배려할 생각을 못하게 만든다. 내가 스트레스를 받는 말든, 그 친구가 긴장하든 말든, 옳고 그름부터 따지게 만드는 게 슈디즘이다. 사이가 틀어지든 말든, 마땅하지 않은 것. 즉 못마땅한 것을 결코 용납할 수 없게 만드는 게 슈디즘이다.

잠시 기억을 더듬어 들여다보라. 난 언제 상대의 행동이 불편하거나 불쾌하게 느껴졌던가? 어떤 상황이 불안하고 불행하게 여겨졌던가? 왜 그런 행동이, 그런 상황이 그런 감정을 불러일으켰을까?

'왜? 왜? 왜?'를 거듭하다 보면 십중팔구 마음 저 아래 깊숙이 똬리를 틀고 있는 슈디즘과 만나게 되리니. 그 슈디즘이 내 앞의 상대를, 내가 처한 상황을 판단하게 한다. 현실을 있는 그대로 받아들이기보다 이상적인 절대기준에 따라 해석하고 평가하게 만든다.

그래야만 한다는 '당위'는 그러리라 '기대'하게 만든다.
그렇지 못한 상대를 차별하고 배제하고 무시하고 비난하게 만든다.
그렇지 못한 자신을 자책하고 변명하고 수치스럽게 여기도록 한다.
그러지 못할까 봐 불안하고 두렵게 만든다.
그렇게 되기 위해 고군분투하게 만든다.

이 모든 게 슈디즘의 맹활약 덕분이다.

그 기준에 입으로 마음으로 덧붙이는 부사들. **'마땅히'**, **'당연히'**, **'반드시'**, **'절대로'**. 슈디즘 신전을 세우고 지키는 호위 무사들이다. 그 주위를 감싸고 도는 용병들.

> 항상, 실수 없이, 완벽하게, 열심히, 위하여, 애써, -답게,
>
> 역시, 원래, 다시는, 맹세코, 꼭….

일상 속에서 자주 쓰고 자주 듣는 사소한 말들이다. 말 그 자체로야 좋고 나쁜 게 어디 있고 이롭고 해로운 게 어디 있겠나. 말의 의미와 의도는 맥락 속에서 드러나는 법. 앞서 언급한 이 말들은 유독 슈디즘의 말맥과 문맥에 자주 등장한다. 언뜻 보면 무구하고 무해하다. 선의로 가득해 보이기 때문일까. 슈디즘은 이 말들 속에 숨어든다. 작동방식은 은밀하고 교활하지만 목소리는 단호하고 무자비하다. 우리 삶과 관계에 미치는 그 영향은 치명적이다. 일단 빠져들면 헤어나기 어렵다는 위험한 비밀종교 슈디즘. 슈디즘의 신도를 인정하는 사람은 드물어도 예외 또한 드물다는데, 그럼 나도?

슈디즘의 감옥에 나를 가두는 것도
꺼내는 것도 '나의 말'

사소한 나의 말속에 스며든 슈디즘의 흔적. 책상 위 이론이 아니라 일상 속 대화를 통해 확인해보고 싶었다. 특히 슈디즘의 용병이라 해도 좋을 '마땅히', '반드시', '절대로'!

이 말들은 나의 마음, 나의 관계, 나의 삶에서 어떤 장면 어떤 모습으로 등장하는 걸까? 슈디즘 용병이 아니더라도 상관없다. 입버릇처럼 달고 살다 보면 미처 몰랐던 그 그림자가 마음을 가두고 생각을 가두고 급기야 관계를 '죽이는 말'들이 있지 않던가.

일단 나의 말, 내 주변의 말부터 작정하고 지켜보려 한다. 미처 몰랐던 그 말들의 그림자를 알아차릴 때까지. 굳이 내 말버릇의 불편한 진실에 초점을 맞추는 이유? 거기 어딘가 슈디즘의 감옥에서 탈출할 열쇠가 숨겨져 있지 않을까 기대하기 때문이다.

우리는 종종 스스로를 가두는 감옥을 짓는다.
그 감옥의 벽돌은 특정 관점에 갇힌 생각과 말이다.
이제 그만 말의 감옥, 생각의 감옥에서 탈출하고 싶은가?
그렇다면 익숙한 그 관점을 바꿔보라. 그거면 충분하다.[1]

슈디즘에 갇힌
위험한 말버릇
123

가만 (좀) 있어 봐

보고 있자니 불안하고 듣고 있자니 불편해서 제동을 건다.

살아있는 모든 것의 숨통을 사랑의 이름으로 틀어막는다.

"내가 해볼까?"

K를 그의 아내가 가로막는다.

"당신은 그냥 가만있어. 내가 할게."

쉰을 코앞에 두고 뇌경색으로 쓰러졌던 K. 엄청난 노력 끝에 몇 년 만에 기적적으로 일상에 복귀했다. 하지만 그의 아내 마음속에선 여전히 환자다. 또 쓰러질까 봐 불안하고 행여 사고 칠까 봐 미덥지 못한 눈치다. K가 무슨 일을 하든 무슨 말을 하든 '가만 좀 있으라'고 제동을 건다. 그럴수록 자신이 살아있음을 증명하기 위해 더 가만있지 않으려는 K.

사랑으로 위기를 함께 넘긴 두 사람은 지금 서로에게 불행한 이유가 되었다.

그러고 보니 '가만있으라'는 이 말. 팔순 노모를 뵐 때마다 나오는 나의 말버릇이기도 하다. 늙는다는 건 그저 힘이 줄어드는 게 아니라 장애가 늘어나는 것. 한 해 한 철이 다르게 늙어가는 그 모습이 안타깝고 불안하다. 그러니 가만히 계세요, 엄마! 제가 해드릴게요. 듣다 못 한 노모가 툭 속내를 내비치신다.

"얘가 날 산송장 취급하네!"

감히

'감히'를 '감히'로 맞받아칠 수 없을 때 쓰는 '감히'를

우리는 '갑질'이라 부른다.

'감히 감히 제가 당신을 사랑…♪♬'

사랑하는 데 무슨 '감히'?

다행히 '감히 제가'로 시작되는 지나친 자기비하는 노래방에서나 고무 찬양되고 있는 듯하다.

일상에서 익숙한 건 역시 '감히 네가!'

이 말 속을 뒤집어보면, 너와 나는 평등하지 않다는 거다. 나는 그런 너를 존중하지 않는다는 거다. 물론 웬만해선 입밖으로 내지 않는다. 완장 찬 마음을 들키고 싶지 않아서다.

꿀꺽 삼킨 그 말을 상대가 용케도 알아챈다는 걸 당해보고야 깨닫는다. 누군가 나를 보는 눈빛에서, 나를 대하는 태도에서, 무례를 넘어선 무시의 불쾌감에 부르르 턱이 떨려온다.

"감히? 어따 대고 감히 '감히'라는 말을 씨불여대?"

-같아요

책임질 일이 생길까 봐 두려워서 습관처럼

나의 감각과 감정에 끼워 쓰는 말의 콘돔.

"일본을 꺾고 우승해서 너무나 기쁜 것 같아요."

"응원해주신 모든 팬분들 너무 감사한 것 같아요."

아시안 게임에서 금메달을 딴 직후 수훈갑 선수의 인터뷰. 그는 격한 기쁨과 깊은 감사를 전하는 모든 문장에 마침표 대신 '같아요'로 끝냈다.

확신할 수 없는 것들에 대한 조심스러운 추측 혹은 관망의 말 '-같아요.' 겸손이 입에 밴 걸까? 감정과 감각에도 버릇처럼 붙인다. "맛있는 것 같아요.", "행복한 것 같아요."

자기 마음에서 일어난 감정이다. 자기 몸으로 확인한 감각이다. 그런데 '…같아요'라니! 마치 남의 마음인 듯 남의 혀인 듯 거리를 둔다. 단정적으로 말하는 위험을 감수하지 않겠다는 의지일까. 그저 막돼먹지 않은 사람으로 보였으면 하는 기대일까. 아니면 정말 나의 감각, 나의 감정이 낯설고 남 같아서? 이유야 어떻든, '나의 감정 나의 감각은 나의 것이 아니다'라는 식의 이 익숙한 유체이탈 화법. 그 대가로 치러야 할 것은 어쩌면 자기 분열로 인한 자기 불신일지도 모른다. 이쯤 되면 구구단을 믿지 못하게 되는 것은 유도 아니다.

2 × 2 = 4 같아요. 4 … 맞나? … 아닌가?

같은 걸로 통일

다 같은 걸로 통일하길 좋아하는 집단의 취향?

그 바람에 존중받아야 할 개인의 다른 취향은 집행유예다.

'젤 높으신 수석부장 판사부터 신임 판사까지, 런치 세트로 통일!'

TV 드라마에서 보여준 회식 장면이다. 익숙하다. 물냉으로 '통일!' 하는 날은 비빔냉면은 배신인 거다. 비빔밥으로 '통일!' 하는 날은 다 같이 채식주의자가 되는 거다.

입맛도 취향도 제각각인데 왜 주문을 통일해야 하지? 설마 5000년을 함께 살고 70년을 헤어져 온 분단의 설움이 깊어서? 그건 아닌 것 같고, 둘 중 하나에 한 표 던진다.

1. 모난 돌이 정 맞기 싫어서
2. 빨리 빨리에 최적화된 주문이라서

다 같은 거로 통일하길 좋아하는 집단의 취향! 그 바람에 존중받아야 할 개인의 다른 취향은 집행유예다. '우리는 하나다!' 통일 깃발이 꽂히는 순간, 나는 아니라고 손들고 말하는 건 웬만한 배짱이 아니면 감히 엄두도 못 낸다.

갈잖게

같은 것만 인정하고 받아들이겠다는 '국뽕'급 욕!

엄연히 사전에도 나오는 표준어인데 뒷맛이 고약하다.

욕 같은 건 입에도 안 걸치실 양반이 걸핏하면

"같잖아서 원!"

우리 이모 말씀이다. 뭔가 하는 짓이나 꼴이 눈꼴사나우신 게다. 제격에 맞지 않다고 여겨지신 게다. 왜? 당신 생각과 같지 아니해서!

나와 같지 않은 것들은 꼴사납고 상대할 가치도 없다고 여기는 맘. '같잖게'엔 그런 맘이 들어있다. 나와 똑같이 생긴 너, 나와 똑같이 생각하는 너라야 '우리'의 '울'타리 안으로 들이는 건 단일민족에 대한 자부심, 순혈주의에 대한 집착 때문일까? 이곳에서 울타리 밖의 '같잖은' 존재인 '남'은 차라리 저주이고 욕이다.

경쟁 아닌 연대가 생존전략이자 지혜가 된 지금! 우리 사이를 내 맘 속 '같잖게'가 자꾸 훼방을 놓고 있다. 남과의 연대가 여전히 불편하고 부대끼는 이유다.

개인적으로

개인적일 수밖에 없는 생각, 취향, 느낌 앞에

굳이 '개인적으로'를 붙이는 이유?

나와 다른 이들에 대한 배려일까, 까임방지용 바리케이드일까.

전국이 고기… 압권? 일기예보 듣다가도 침을 '꼴깍' 입맛을 다실 정도로 고기를 밝히는 친구가 있다. 그 친구가 자주 쓰는 말버릇이 있다. '개인적으로' 자기소개를 할 때도

"전, 개인적으로 고기를 좋아하는 편이고요."

자기 느낌을 나눌 때도

"개인적으로 전 그 영화 별로던데!"

궁금해서 물었다. '개인적으로'와 친해진 이유.

그게 왜? 문제라도 되냐고 친구의 표정이 되묻는다. 그러다 혼자 곰곰.

"음… 악플이나 까임을 미연에 방지하자는 꼼수?"

농담인 양 웃음에 버무린 그의 대답에 다들 고개를 끄덕인다.

개인적일 수밖에 없는 게 생각, 취향, 느낌 아닌가. 그런데 굳이 '개인적으로'를 다는 이유?

"나와 다른 남에 대한 배려." 누군가는 그렇게 대답한다. "다른 누군가에겐 그렇지 않을 수도 있는데 너는 왜 그러냐고 죽자고 덤벼드는 걸 봤거든." 누군가는 그렇게 대답한다. 그 트라우마가 '개인적으로'라는 바리케이드를 앞세우게 했나 보다.

-거든요

이의 있을 리 없고 동의 구할 생각 없다는

남녀공용 '맨스플레인' 접미사

※ 맨스플레인mansplain : '남자'를 뜻하는 man과 '설명하다'의 explain이 결합한 조어
　로 여성이 많이 알고 있을 수 있다는 가능성을 무시한 채 남자들이 가르치듯 설명하
　는 것을 의미한다.

"오늘까지만 먹고 낼부터 다이어트 할 거 거든욧!"

한창 반항기에 붙여댔던 말꼬리다. 더는 뭐라 하지 말라는 소심하지만 확실한 엄포. 누구의 동의 따위 구할 생각 추호도 없고 어떠한 이의제기도 불허하려는 저 결연한 의지! 그런가 하면 네가 모르는 거 내가 설명해주겠다는 '거든요'도 있다.

"그건 말이죠… 그런 거거든요. 무슨 말인지 알아듣겠어요?"

묻지도 않았는데 다짜고짜 설명에 친절한 진도 체크까지. 남녀불문 지적인 이는 섹시하다. 하지만 지적인 척하는 이는 시시하다. 뭐든 가르치려 드는 저 말투. 딱 질색… 뭐, 나도? 아니거든! 부인하고 싶지만 돌이켜보니 그랬던 것도 같다.

거봐

턱없이 부족한 자존감이 부리는 허세, 남을 배려할 여유가 없다.

실패가 두려운 자의 자기분열적 냉소, 현실을 인정할 자신이 없다.

그렇지 않아도 낭패스러운 결과에 영~ 속이 시끄러울 판이다. 거기에 덧붙이는 **"거봐~ 내가 뭐랬어?"**

실수, 실패, 불행의 덜미를 호시탐탐 잠복 끝에 드-디-어! 잡아내고야 말았다는 듯한 저 말투! 남이면 서운함을 넘어 얄밉고 괘씸할 터. 그런 줄 알기에, 눈치껏 입 다문다. 그래도 맘속으로 꽤나 되뇌었지 싶다. 난 이렇게 될 줄 진즉에 알았다고(정나미 떨어지는 허세다.). 그런 내 말을 귓등으로 듣더니 꼴좋다고(비열한 복수다.).

그러고 보니, 남한테만 그런 게 아니었어. 고민 끝에 용기 낸 도전이 실패로 끝났을 때 탓할 상대와 상황이 보이지 않으면 내 안의 또 다른 내가 멀찌감치 도망가 팔짱을 낀다.

'거봐, 내 그럴 줄 알았다니까!'

인정하고 싶지 않은 상황과 난 전혀 상관없다고(부질없는 냉소다.). 다시는 실패할 일은 꿈도 꾸지 않겠다고(겁먹은 다짐이다.).

걱정되니까

진정한 사랑은 존중하고 믿고 기다려주는 것.

그렇게 생각하니 말로 된 걱정은

사랑보다는 불신에 가까울 때가 많다.

"아니, 여자 혼자서 거기가 어디라고?"

오지 여행을 시작한 초기. 떠날 때마다 내 배낭 위에는 무거운 짐 하나가 더 얹어졌다. 가족과 친구들이 건네는 걱정 보따리. 말려봤자 소용없다는 걸 깨달은 엄마는 전략을 바꾸셨다. 당신의 걱정이 얼마나 깊은지 강도와 빈도를 높여 전하시는 거다. 좀 지나치시다 싶어 말대꾸라도 할라치면 여지없이 돌아오는 섭섭함. "엄마니까 걱정하는 거지!"

가족이니까, 친구니까, 걱정하는 게 당연하다고 여기는 건 그 마음이 온전히 사랑이고 관심이라 믿기 때문일 것이다. 걱정하는 입장일 땐 나도 그렇게 생각했다. 당당하게 적극적으로 내가 얼마나 걱정하고 있는지 전했다.

하지만 걱정 듣는 입장이 되면? 괜한 잔소리처럼 들리기 일쑤였다. 왠지 마음이 불편했다. 나의 위기 관리능력을 못 미더워하는 시선 때문이다. 걱정의 불안한 기운이 고스란히 내게도 전해지기 때문이다.

겁나게

한순간 한 곳에만 머문다는 '마음'

내 마음은 지금 여기에 머물고 있나?

과거에 붙들려 괴로워하고 있나?

미래에 붙들려 두려워하고 있나?

겁나 많고, 겁나 맛있고, 겁나 좋다고 말한다. 아주 많고, 매우 맛있고, 굉장히 좋다는 뜻이렷다. 문득 궁금해졌다. 아주, 매우, 굉장히 대신 '겁나'를 겁나게 자주 쓰는 이유.

아주 무서운 것이 겁나고, 아주 슬픈 것이 겁나는 건 이해가 간다. 그런데 아주 좋은 것도 겁나고, 아주 맛난 것도 겁난다니?

그저 지금 내 생각, 내 느낌을 좀 더 강렬하게 전달하고 싶을 뿐 별 생각 없이 써온 '겁나게'다. 괜한 트집이지 싶어 접으려다 문득 '정말 겁먹고 있나, 나?'

뭐가 그리 겁나는 걸까? 행여 겁날 일이라도 생길까 봐? 그때 K가 그랬다.

"나, 지금 너무 행복해! 근데 이 행복이 사라질까 봐 겁나."

그건 어쩌면 저 밑바닥의 강박 때문일지도. 행복이 지속하길 바라는 마음을 넘어 지속해야만 한다고 믿는 강박. 바로 그 강박에 붙들린 마음이 '지금 이 순간'의 행복에 온전히 머물지 못한 채 겁먹고 있었던 거다.

게을러서

관계의 10계명이 있다면 첫 번째 계율은 판단하지 말라.

종신형 낙인을 찍는 순간 다른 현실, 다른 가능성을 볼 수 없게 되리니…

'나는 '게으른 사람'을 본 적이 단 한 번도 없습니다.'

(I've never seen a lazy man.)

루스 베버마이어의 시 제목이다. 세상에 그런 사람은 없기 때문이란다. 이 시를 나눠주자 학생들의 이의가 빗발쳤다. 분명 게으른 사람들을 두 눈으로 똑똑히 봤다는 거다. 주변에 널렸다는 거다. 평생 게을러터지게 사는 인간들. 그런 사람을 게으른 사람이라 부르지 그럼 뭐라 부르냐고요! 그러게 말이다.

이 시는 내게 질문이다. '그가 혹시 게으르지 않을 수도 있지 않을까?' 종신형을 내리듯 누군가에게 게으른 존재라는 낙인을 찍어버리면 그가 게으르지 않을 가능성을 막아버리게 될 텐데. 설사 그가 게으르지 않은 행동을 하더라도 알아차리거나 인정하지 못하게 될 텐데. 듣고 보니 그렇다.

뒤집어보면 부지런한 사람이라는 판단도 마찬가지. 게으르고 싶을 때 맘껏 게으를 수 없게 만들 테니 말이다.

굳이

하던 대로 하고, 살던 대로 사는 안전지대의 표준어.

'굳이'는 그 선을 넘지 말라는 경고다. 넘지 말자는 부추김이다.

가끔은, 안전지대 그 너머를 경계하듯 선망하듯 힐끗거릴 때가 있다. 대개는 두려움에 발목이 잡힌다. 그럴 때 나 자신에게 말하는 '굳이…'

그저 잠자코 있는 게 옳은 선택이라고, 그런 편이 맘 편할 거라고 스스로를 설득하기 위한 변명이다. 다독이기 위한 혼잣말이다.

반면 누군가 내가 못 넘는 그 경계를 넘어가려 할 때 그를 막아 세우는 '굳이…'는 같이 죽은 듯이 살자고 그의 바짓가랑이를 잡는 물귀신 같은 말이다. 기어이 선을 넘는 그의 도전을 깎아내리는 냉소어린 비난이다.

나이 든다는 것은 '왜 안 돼?'보다 '굳이 왜?'라는 말이 늘어나는 거란다.[2] 익숙함에 늘어졌거나, 두려움에 졸아들었거나. 다시 생각해보니 그건 나이가 들어서라기보다 마음이 늙어서다. 그 말이 그 말? 아니다.

그건 안 돼

과거의 기억과 기준에서 놓여나지 못한 머릿속 심판관이

현재의 앞길을 가로막는다. 해본 적도 가본 적도 없으면서….

안 돼! 안 돼! 자신에게 자꾸 그렇게 말하다 보면 정말 안 되는 일로 만들어버리는 초강력 주문이 되고 만다. 자기 자신으로도 모자라 자기 학생, 자기 자식에게도 시도 때도 없이 주문을 건다. "그건 절대로 안 돼!"

빌 게이츠의 부는 탐나지만, 학교 중퇴는 절대로…
임요한의 성공은 부럽지만, 컴퓨터 게임은 절대로…
한비야의 여행담은 흥미롭지만, 여자 혼자 오지 탐험은 절대로…

될 일인지 안 될 일인지 척~보면 안다? 온전히 머리에 의지해온 나 같은 사람들은 판단력이 무기인 줄로만 알고 살아왔다. 그러나 겪어보지도 예상치도 못한 일들이 자고 일어나면 눈앞에 기다리는 요즘. 불확실한 세상에 확실한 건 딱 하나뿐이다. 될 일인지 안 될 일인지 해봐야 안다는 것!

그래 봤자

무슨 말로 포장하든 삶에 대한 냉소는 결국

원하는 삶으로 향하는 걸음을 멈추겠다는 항복 선언.

냉소주의자들의 말버릇이다. 오스카 와일드의 말을 빌자면 그들은 세상 모든 것의 가격은 다 알면서도 정작 그 어떤 것의 가치도 모르는 자들이다.

오만으로 가득 찬 코웃음, 온기를 싹 뺀 비웃음을 섞어가며 어깨를 들썩이는 옵션. 남 일이건 내 일이건 그런 시시한 것 따위에는 관심 없다는 태도. 내겐 '냉소'가 지적인 포즈로 여겨졌었다.

돌이켜보니, 지적이기는커녕! 엮이고 싶지 않다는 거다. 개입하고 싶지 않다는 거다. 멀찌감치 벗어나고 싶었던 거다. 그게 설사 내 일이고, 내 삶이라 할지라도 그 책임으로부터, 두려움으로부터, 비난으로부터 이미지 구기지 않으면서도 안전거리를 확보할 수 있는 전략. 그게 '그래 봤자'에 깔린 냉소였다. 그 바람에 삶의 가치를 저버리는 줄도 모르고….

그러다간

"시작하지 못하는 것은 두려움 때문이고

끝내지 못하는 것은 완벽주의 때문이다."[3]

새로운 일에 도전할 때, 뱃속에서 올라오는 소리가 있다.

'그러다간…'

완벽하게 끝내지 못할 거면 차라리 시작도 하지 말라는 내면의 경고다. 실패의 가능성을 200% 확대해 보여주는 통에 지레 겁먹고 자체 편집.

나 자신에게만 그러는 게 아니었다. 나는 두려워 시작도 못 하는 걸 누군가가 하려는 걸 볼 때 무심한 척 "그러다간~" 요청하지도 않은 피드백을 발사한다.

"그러다간 낙오자가 되고 말걸." 하지 말라는 경고다.
"그러다간 우리 둘 다 망하게 될 거라고!" 남의 도전에 딴지걸기! 물귀신 작전이다.

그럴 리가

딱 하나의 가능성만 확신하는 외골수의 말버릇.

그 밖의 현실은 어떤 것도 인정할 수 없다는 도리질.

플랜 B는 없다. 옵션 B 따위 애당초 고려하지 않는다. 그럴 리가 없기 때문이다. **절! 대! 로!** 확신에 찬 기대가 만들어내는 이 말. 두 가지 부작용을 지니고 있다.

1.
현실적응력을 형편없이 악화시킨다.
변수 많은 요즘 같은 세상에선 특히나!

2.
일이 기대대로 예측대로 돌아가지 않을 때
현실을 받아들일 수 없어 고통스럽다.

'그럴 수도!' 대신 '그럴 리가!'를 나의 말로 선택할 때 삶은 종종 좌절과 분노의 시간으로 채워지기 일쑤다.

그렇다고 치자

"백번 양보해서…" 정말 양보한 걸까?

"맞다고 치자. 그런데…" 맞다고 인정한 걸까?

서로 생각이 다를 때 상대를 어떻게든 설득해볼 심산으로 쿨하게 던지는 이 말.

"그렇다고 치자."

상대는 하지 못한 지적인 인정과 너그러운 양보! 이런 선택을 한 자신이 대견스러울 정도다. 그런데 왜 이 말이 등장하는 순간, 상대의 심지만 돋운 채 대화는 더 파국으로 치닫는 느낌이 드는 거지?

듣는 입장이 되어서야 그 이유를 알 것 같았다. '설사'를 앞세우고 '백번 양보'를 강조하는 '~치자'

지적인 인정이라고 생각했는데, 지적인 것도 인정도 아니었다. 너그러운 양보인 줄 알았는데, 너그럽기는커녕! 양보는 더더욱 아니었어. 그저 아니꼬운 생색일 뿐, 결국 서로 다름을 인정할 수도 없고 상대의 입장도 이해할 수 없다는 마음이 내뱉은 말이다.

급하게

평생 '급하게'만 살다 보면, 내 묘비에 적힐 문구는

"뭣이 중헌지도 모르고…바보!"가 될지도 모른다.

지리산 자락에 친구들이 모여 산다. 가끔 그곳에 머물다 온다. 거기 시간은 천천히 그러나 생생하게 흐른다. 아니 그런 기분이 든다. 내가 사는 이곳의 속도감과 비교하면 더더욱.

끊임없이 반복되는 급한 일에 멀미가 날 지경이어서 일찌감치 전반전 생업에서 내려섰다. 하지만 급한 일을 귀한 일에 앞세우는 것은 여전하다.

빨리빨리 문화 속에선 불치병 같은 습관인 걸까? 선택의 우선순위에서 '도리'가 '희망'이나 '가능성'을 제치고 제일 상석을 차지하기 때문일지도 모른다. '하고 싶다'나 '할 수 있다'를 이기는 '해야만 한다'의 완승!

기를 쓰고

기진맥진 '원기'마저 탈탈 털린 삶은 무지하고 위험하다.

어떤 상황에서도, 새로운 충전의 마중물로 쓸 '원기'는 남겨둘 것!

휴대폰 창에 충전하라는 빨간 불이 들어올 때가 있다. 그걸 무시하고 계속 쓰길 반복하면 휴대폰 수명이 짧아진다고 한다. 해녀들이 오래오래 바다 일을 할 수 있는 비결도 마찬가지. 자신의 잠수 능력 70~80%만 쓰고 수면 위로 오르는 것이라고 한다.

완벽과 책임에만 매달리다 보면 그게 그렇게 쉽지 않다. 기를 쓰고 아득바득 진기 원기 생기 다 끌어다 쓴다. 그야말로 기진맥진 상태가 되어 끝내 번아웃burn-out. 해녀들이 가르쳐준 지혜는 내 삶이 되지 못했다.

학창 시절. 난 이마가 펄펄 끓는데도 기를 쓰고 학교에 갔다. 개근을 급훈으로 정하신 담임 선생님의 기대에 부응하려고. CD 시절, 한 달을 줘도 모자랄 PT를 사흘 만에 준비해야 했다. 한잠도 못 자고 기를 쓰고 결국 해냈다. 그게 내 책임이었으니까. 그렇게 25년.

결국 내 몸이 더는 버티지 못하고 백기를 들었다.

기필코

100%를 보장하는 건 사기일 가능성이 크고,

100%를 기대하는 건 절망일 가능성이 크다.

'어차피'에 체념이 배어있다면, '기필코'엔 독기가 서려 있다. 절망을 향해 치닫는 말과 희망을 향해 질주하는 말. 그러나 현실에서 이 두 개의 말은 결국 한 곳에서 만날 때가 많다.

독기엔 추진력이 있다. 나를 앞으로 나아가게 하는 힘. 때론 그 독기에 몸과 맘이 다 상하고 무너지는 줄도 모르고….

그 독기를 감당한다 해도 기대했던 결과를 얻지 못할 때는 또 얼마나 많았던가. 변수 많은 예측불허의 시대다. 확신보다는 확률 쪽이 지혜롭다. 必은 100%여야 한다는 말. '기필코'는 시대착오형 주문에 가깝다.

원하는 미래가 실현될 확률을 키우는 것! 그것이 지금 우리가 할 수 있는 일이다.

P.S.

'기필코 해내고 말 테야!' 의지과다, 확신과다, 이 다짐이 이런! 내 귀엔 자꾸 "기필코 헤매고 말 테야!"로 들린다.

까짓거

극복력을 키우고 싶을 때의 주문.

단, 그 대상에 대한 갑질 부작용을 주의할 것.

"그까이꺼." 개그콘서트에서 한 개그맨이 퍼뜨린 유행어다. 세상 무서울 거 없는 경비아재의 이 말버릇. 한겨레 인터뷰 기사를 보니 어려워하지 말고 겁먹지 말고 한번 도전해보자는 취지로 시작했단다. 풀 버전은 '**그까이꺼머 그냥 대~~~충**'

그 '대충'에 심기 불편해진 전문가들의 이의제기가 있었지만 '이래저래 기죽고 짓눌린 보통 사람들'에겐 자꾸만 따라 하고 싶은 주문이다. 버겁게 느껴지거나 지레 겁먹게 되는 상황에서 괴력을 발휘하게 만드는 특별한 힘이 있기 때문이다. '이까짓 거쯤이야!', '그까짓 거쯤이야!' 천하장사 강호동이 배지기 한방으로 상대를 제압하듯 팔 걷어붙이고 상황에 맞설 수 있는 극복력이 뿜뿜.

그러나 그 앞에 붙는 말에 따라 갑질력도 덩달아 상승할 때가 있다. '지까짓 거쯤이야!', '니까짓 거쯤이야!'
함부로 대하고 업신여기게 하는 부작용. 오만이 까짓거를 내뱉게 하는 건지 까짓거를 입에 올리다 보면 오만이 생기는 건지. 암튼…

까탈스럽긴

내가 하면 로맨스, 남이 하면 불륜이라던가!

내 얘기면 '줏대'고 남 얘기면 '까탈'이다.

"난 밥 먹을 거야!" 어딜 여행하든 그 친구는 밥을 찾았다. 식성 한번 까탈스럽긴! 퉁바리를 놓았지만 눈은 이미 밥 먹을 데를 찾아 나선다. 그 친구, 밀가루 음식을 먹으면 속이 불편해서 그런 줄 잘 알기 때문이다. 그러나 식성만이 아니었으니 한 성미 하는 그 친구가 나로서는 이래저래 감당하기 버거웠다. 뭐 좀 같이할라치면 돌아오는 대답은 "난 싫어."

모두가 예스라고 할 때 노라고 말하는 게 용기 있는 사람이라고? 내겐 그저 까탈스러운 투덜이 스머프로만 느껴졌을 뿐이다.

까탈스럽다: 성미나 취향 따위가 원만하지 않고, 별스러워 맞춰주기에 어려운 데가 있다.

사전을 뒤져보니 이렇게 나와 있다. 다시 생각해보니 원만하지 않다는 평가. 내 방식이 아니어서 불편하다는 거였다. 별스럽다는 판단도 내 취향이 아니라서 불쾌하다는 거고. 하지만 시침 뚝! 마치 객관적인 양 "까탈스럽긴!"

은근히 까고 대놓고 깐다.

꿈이 뭐니

내가 정말 원하는 삶은 어떤 걸까?

알고 싶다면 '명사'로 된 꿈에 '왜why'를 붙여 '동사'로 바꿔보라.

"마흔이 넘도록 내가 정말 원하는 삶이 뭔지 모르겠어요."

똑똑하기로 치면 우리나라 0.01%에 속할 법한 그가 그렇게 고백했다. 남들이 부러워할 만큼 성공한 후배인데!

자신이 정말 원하는 삶, 꿈꾸는 삶. 그걸 모르겠다는 어른들이 적지 않다. 왜 그럴까? 어쩌면 늘 명사로 된 꿈, 그것도 남의 꿈만 꿨기 때문일지도 모른다.

수의사가 꿈이라는 우리 조카. 그 꿈이 대견해서 스스로도, 주변에서도 더는 묻지 않는다. 하지만 성적을 보아하니 언감생심. 신설된 반려동물간호학과는 어떠냐고 넌지시 물었다. 단칼에 싫단다. 그제야 물었다. "왜 수의사가 되고 싶은 거니?"

1. 아픈 동물을 낫게 해주려고? / 2. 부모님의 기대에 부응하려고? /
3. 사회적 지위를 얻으려고? / 4. 돈을 많이 벌고 싶어서? / 5. 기타

머뭇머뭇. 조카의 얼굴에 당황한 기색이 역력하다. 변화무쌍한 시대. 숱한 직업들이 사라지고 생기고 있다. '꿈이 무엇what이냐?'고 묻는 것만으론 부족하다. 거기에 '왜Why?' '누구를 위해For Whom?'와 같은 질문을 덧붙여보라. 정말 원하는 삶인지 동기가 분명하고 정직해진다.

끝까지

일, 사람, 그 인연에도 유효기간이라는 게 있다.

"한번 시작한 일은 끝까지~", "한번 맺은 인연은 영원히~"

해병대 출신도 아니면서 난 그래야 한다고 믿었다. 그만 인연을 끊고 싶을 때가 왜 없었겠나. 중도 포기를 선언하고 싶었던 일도 부지기수. 나는 그러지 못했다. 아주 오랫동안. 대신 그럴 때마다 스스로 다그치며 몰아붙였다. 끝까~지! 가야만 한다는 당위가 내 안에서 나를 꾸짖었기 때문이다.

덕분에 뭔가를 이룬 적도 많았고, 그 탓에 불편한 관계로 속을 끓일 때도 많았다. 더 이상 사랑 아닌 인연, 더 이상 우정 없는 인연, 서로에게 못 할 짓이었다. 그런 줄 알면서도 버텼다. 나 때문에 끝났다는 비난이 두려워서.

지금은 '끝까지'를 다짐하기 전에 자신에게 묻는다.
'지금 이 관계가 혹은 이 일이 어떻게 느껴지는가?'

너무 감당하기 힘들 때도 있다. 그럴 때도 잠시 질문에 머물기. **'하고 싶은 걸 하기 위해 투자 삼아 견딜 것인가?', '하고 싶지 않은 건 하지 않을 자유를 누릴 것인가?'**

그리고 나 자신에게 다시 선택할 기회를 주는 거다.

나 때는 말이야

꼰대 커밍아웃? 나이가 어려도 지위가 낮아도 가능하다.

내 생각, 내 경험을 기준으로 모든 걸 판단하는 것으로 충분!

"자~자~ 기탄없이 이야기들 해봐. 뭐가 힘든지.

사실 내가 자네들만 할 때는 말이지.

이런 직장 분위기 상상도 못 했다고. 그땐 말이야…"

또! 또! 또! 또 시작됐다. 공식적으론 '회장님과의 차담'. 직원들과 가까워지려고 만든 대화의 장이라 하셨던가. 기대와는 달리 '나 때는 말이야~'에 직원들의 영혼은 단체 패키지로 안드로메다까지 멀어지는 눈치다. 그래서요? 그런데요? 말없이 묻는 눈빛만 남겨둔 채. '나 때는 말이야~'가 이끄는 삼단논법의 결론은 '질타' 아니면 '당부'다.

일단, 나 때 비하면 자네들이 하는 건 고생도 아니다.

이단, 그때 상황에 비하면 지금 불평이란 건 가당치도 않다.

삼단, 그러니 고생이라 생각 말고 노력은 더하고 불평은 그만하라.

아, 그러고 보니 넋두리 아니면 하소연일 수도 있겠네. '나 그때 엄청 고생 많이 했고 죽도록 노력했는데, 아무도 충분히 안 알아줘~힝'. 그러셨구나. 그럼 그냥 그렇게 말씀하시지 않고요? 오해할 뻔했잖아요. :)

나 혼자

공존의 지혜가 필요한 지금,

가장 독한 말은 '홀로 독獨'이라는 소문이 돌고 있다.

어린 시절. TV 어린이 노래자랑 〈누가 누가 잘하나?〉는 음치인 내 마음마저 흔들어놓았다. 저 아이들처럼 아니 저 아이들보다 더 노래를 잘하고 싶은 마음 굴뚝 같았다. 언감생심. 그때 내 마음은 노래를 잘 부르고 싶었던 걸까. 이기고 싶었던 걸까.

조카들이 생겼다. 그들의 마음은 〈혼자서도 잘해요〉가 맡았다. 주제곡 '꺼야 꺼야'는 그 아이들의 애국가였다.

♪꺼야 꺼야 할 꺼야 혼자서도 잘할 꺼야♬
♪꺼야 꺼야 할 꺼야 혼자서도 잘할 꺼야♬

이 동요의 주제는? '같이'보다는 '혼자'하기. 그것도 부모의 기대에 맞추어 혼자서도 아주 잘하기. 그렇게 우리는 '혼자서 獨'을 최고로 여기며 살아왔다.

'나 혼자 한다!'를 모토로 살다 보면 '나 혼자 산다!'가 현실이 된다. 정서적으로 말이다. 불편한 '더불어'보다 맘 편한 '혼자서'를 선택한 삶. 지금 우리 사회가 이토록 지심한 관계 갈등에 시달리는 것도, 그 갈등을 어찌 해결해야 할지 곤혹스러워하는 것도 어쩌면 그래서?

나 같으면

대개는 요청하지도 않은 조언질을 시작하겠다는 신호탄.

'나 같으면'이라니? 만약에라도 그럴 일은 없다는 걸 안다. 어떻게 내가 너와 같아질 수 있겠는가?

그가 처한 상황은 나와 같지 않을 수 있다. 그가 느낄 감정도 나와 같지 않을 수 있다.

그렇다는 걸 자꾸 까먹는다. 요청하지도 않은 '조언질'을 멈추질 않는다. 사랑과 우정 혹은 관심의 이름으로! 그렇게 믿으니, 당당하다. 멈출 생각도 안 한다.

'너 같으면 어땠을까?' 입장 바꿔 생각해보는 대신, '너는 어때?'라고 질문하는 대신, 불쑥불쑥 "나 같으면…" 타령이다. 그가 나같이 생각하고, 나같이 선택하고, 나같이 행동하길 내심 기대하면서.

근자감이었다. '역시 내 생각이 네 생각보다 낫다'고 여기는 근거 없는 이누므 자신감!

나도 말야

공감인 줄 알았던, 그러나 알고 보면 지독한 나르시시즘.

모든 대화의 중심은 '나'여야 직성이 풀리는 자의 전주곡.

'상대의 말 낚아채기!' 아델 린이 말하는 대화 중 흔한 6가지 듣기 습관 중 하나다.[4] '끼어들기'보다 교묘하다. 대놓고 '끼어들기'가 상대의 말을 끝까지 들어볼 인내심이 바닥날 즈음에 구사하는 전략(?)이라면, '낚아채기'는 이제나저제나 내 이야기를 할 기회만 노리는 호시탐탐 전략이다.

조바심 가득한 듣기 끝에 마침내 발견한 내 이야기 찬스! 일단 공감인 척, 상대의 말에 코를 꿴 뒤 자연스럽게 내 이야기로 끌고 오는 거다.

"그건 아무것도 아냐. 난 어떤 일을 겪었는지 알아?"
안다. 모른다. 상대의 대답은 애초 들을 생각이 없다.

"나도 비슷한 일을 겪었는데, 말도 마! 그게 내가 몇 살 때였더라…"
들어볼래? 말래? 상대의 의향을 물을 여유도 없다.

도루 성공! 대화의 주도권을 훔친 대신 놓친 것이 있다. 상대가 미처 다 나누지 못한 경험과 감정과 생각을 알 기회. 무엇보다 그와 마음을 나눌 기회.
함께 있어도 곁에 있는 법을 몰랐다.

나이에 걸맞게

다음 새해 도전 주제로 이런 건 어떨까?

나잇값 못하기, 혹은 '나의 값' 제대로 하기!

친구가 사랑에 빠졌다. 요즘 말로 '입덕'! 집에 남편을 남겨두고, 딸과 함께 그 가수의 송년 공연에 다녀올 정도다.

덕질하는 팬으로 사는 즐거움을 전하며 친구는 소녀처럼 들떠 있었다. 듣고 있는 내게도 전해질 만큼… 참 보기 좋았다.

그런데 그 친구. 자신의 '소녀팬심'을 아무에게나 드러내진 않는단다. 가장 자주 보는 모임에서조차! 예전에, 다른 일로 나잇값도 못 한다는 핀잔을 받은 적이 있었다고. 그 뒤론 자체 검열을 한 후 그들의 나잇값에 준하는 근황만 나누다 온단다.

각자 추구하는 삶이 다르다. 각자 살아가는 속도가 다르다. 각자 처한 입장이 다르다. 'ㅇㅇ 하기 딱 알맞은 나이?'

마치 나이에 정찰가라도 붙여놓은 듯하다. 무슨 행동을 하든, 무슨 옷을 입든, 그 선택과 나이가 기준에 걸맞지 않으면 나잇값 못하는 푼수니, 주책바가지니 비난과 눈총이 쏟아질 판이다.

난 상관없어

까탈스럽게 보이고 싶지 않아서, 갈등이 싫어서,

결과에 책임지고 싶지 않아서 습관처럼 쓰는 말.

난 상관없다는 그 말. 속내가 참 분분하다.

차마 결정을 못 하겠다는 토로일 때도 있고, 네 생각이 더 중요하다는 고백일 때도 있고, 빨리 상황 종료하자는 재촉일 때도 있고, 말 그대로 진심 아무래도 좋다는 표현일 때도 있다. 무얼 먹든, 어디를 가든, 어떻게 하든…,

그러고 보니 까탈스럽게 보이고 싶지 않아서 난 상관없다고 말할 때가 참 많았네.

생각이 부딪치게 될까 봐 갈등이 싫어서 **"난 상관없어."**

결과에 책임지고 싶지 않아서 **"난 상관없어."**

나는 그렇게 습관처럼 나를 말하지 않는 쪽을 선택하곤 했다. 아니, '내 일이지만 나랑 상관없어.'라고 말하는 쪽을 선택하고 있었다.

남들보다

'이전보다'가 성장의 행복한 비교급이라면

'남들보다'는 경쟁의 불안한 비교급이다.

언젠가 고민 상담 프로그램에 나온 사연이 생각난다. 공부 잘하는 오빠 모습에 자극을 받았단다. 열심히 시험 준비를 한 결과, 평균이 무려 20점이나 껑충! 지금껏 한 번도 받아보지 못한 최고의 성적이었단다.

'아~ 이런 기분에 공부하는 거구나!' 스스로 무척 대견했단다. 그러나 성적표를 받아본 엄마의 반응에 딸은 깊은 상처를 받는다.

"애개개~ 기대하라더니! 네 오빠 제일 안 나왔을 때도 이것보단 높았거든."

성적 변화보다 성적 비교가 익숙한 건 그 어머니뿐만이 아닐 게다. 1등만 기억하는 세상에선 '이전보다' 성장해가는 과정을 헤아릴 여유가 없다. 그에 대한 인정과 격려가 낯설다. 오직 비교우위! 남들보다 위인지 아래인지를 따지는 데 온 신경이 쏠리게 마련이다.

'남들보다'를 삶의 모토로 선택했을 때, 내 모습은 어떠했나? 이기면 이기는 대로 불안했고, 지면 지는 대로 불행했다. 1등을 뺏길까 봐 불안하거나, 1등이 아니라서 불행하거나. 경쟁 속에선 이 둘 중 하나다.

남이 보면

일상의 중심이 나 아닌 남이 되면

삶은 멀미가 나도록 불안하고 무력해진다.

자라면서 심심찮게 들었던 말들 속에는 단골처럼 '남'이 등장한다. 누군지도 모를 '남'의 시선은 그야말로 전지적 작가시점. 연중무휴 24시간 근무 모드로 우리의 일상을 들여다보는 기분이었다. "안 돼~ 남이 보면 뭐라 그러겠어!", "에비~ 남이 보면 어쩌려구!"

집단주의 문화와 과열경쟁 문화의 그림자는 디지털과 만나면서 방어 모드에서 공격 모드로 전환한 듯하다. '남이 보면'에서 '남이 보게'로!

"오늘 나. 로맨틱. 성공적." 아예 남의 시선에 바치는 시시콜콜 일상보고서가 SNS 월드에 쇄도하고 있다. 장소불문, 시간불문, 상황불문, 세대불문. 어른이고 애들이고 온종일 휴대폰을 향해 일동 묵념 중이다.

현실 속 자신보다 디지털 세계 속의 자신을 돌보는 게 더 중요한가? 아니, 거기에 남이 있기 때문이다. 남의 시선이 몰리기 때문이다. 남부끄럽지 않게 자신을 보여줘야 한다는 강박. 남 못지않게 자신을 입증해야 한다는 강박. 그 강박감이 남에게 보이는 행복을 더 챙기게 만들고 있다. 정작 내가 느끼는 현실은 남이 보면 어쩌나 싶어 전전긍긍.

"모쪼록 그대의 삶이 언젠가는 SNS에 올린 모습처럼 행복하기를!"

남이가

아무도 말하지 않았던 그러나 모두가 느끼고 있는

관계의 불편한 진실!

나 아닌 존재, 그들은 모두 존중받아야 할

나와 다른 '남'이다.

평소 가까이 지내는 선배님이 겪은 일화 한 토막. 미국에서 유학한 외동아들이 결혼해서 돌아왔다. 그야말로 눈에 넣어도 아프지 않을 만큼 사랑스러운 손주를 안고.

귀국해 맞이하는 첫 성탄절. 모처럼 '가족'이 함께 지내야겠다 싶어 바쁜 일정을 조정한 뒤 아들에게 전화했단다. 돌아온 아들의 대답은 그야말로 청천벽력!

"그럼, 장인 장모 처제도 다 같이 모여야겠네요?
엄마, 이제 제 가족은 우리 부부랑 아이예요."

입으로는 쿨하게 알겠다 했지만, 머리로는 네 말이 맞다고 했지만, 선배는 한동안 그 충격에서 헤어나지 못했다.

처음 보는 식당 아주머니에게도 '이모'라 불러주는 우리 아닌가? 가족을 순도 100%의 우리라 여기는 우리 아닌가? 가족이 아니라는 말은 우리가 아닌 남이라는 이야긴데, 그걸 자식에게 듣다니… 그 충격이 어느 정도일지 짐작이 갔다. 그런데 불편하고 불쾌한 그 말이 생각해보니 맞는 것도 같고….

문득 떠오르는 주례사. 가수 윤도현의 결혼식에서 박노해 시인이 했다는 파격적인 '남' 선언에 '자식도 남이다'라고 한

부부는 남이다. 남이라는 것을 인정할 때 비로소 하나가 될 수 있다.

며느리는 남이다. 며느리를 딸같이 생각하지 마라.

사위는 남이다. 사위를 아들같이 생각하지 마라.

그 사실을 인정할 때 비로소 진짜 가족이 될 수 있다.

내 책임 아니니까

책임감이 지나치면 모든 걸 자기 탓으로 돌리게 되고,

책임감이 부족하면 모든 걸 세상 탓으로 돌리게 된다.

친구들과 오지 트래킹 중이었다. 점심 때가 되어 주방 담당인 내가 짐을 풀었다. 이런! 가방 속이 아비규환이었다. 잼과 버터통을 제대로 닫지 않았던 거다. 대뜸 지도 담당 친구가 말했다. "**내 책임 아냐!**"

누가 뭐래니? 중요한 건, 우리 점심이 물 건너간 거라구! 그리고 몇 시간 후, 깊은 숲에서 우리는 길을 잃었다. 갈림길에서 잘못 든 거다. 잠시 후면 어두워질 텐데. 무서웠다. 다급히 온 길을 되짚는데, 뒤에서 들려오는 그 친구의 혼잣말.

"**엄밀히 말해, 그건 내 책임 아닌데… **"

설사 내 책임은 아니다 하더라도 나와 관련된 모든 것은 내 문제다. 내 문제를 기꺼이 책임지길 선택할 때 내가 원하는 관계 원하는 삶에 한 발 더 다가설 수 있다.

하지만 의무와 능력, 결과와 평가를 먼저 떠올리는 한 '책임'은 누구에게나 무겁고 무섭다. 그래서 누군가는 습관적으로 책임을 회피하려 든다. 그래도 누군가는 강박적으로 책임에 매달리게 된다. 어느 쪽이든 삶은 그럴수록 외롭거나 힘겹거나.

노력했다고

"하든가, 안하든가
그 사이에 노력해보다는 말 따윈 없다!"[5]

결혼 후 남편과의 불화로 힘든 시간을 보내고 있던 후배가 끝내 울음을 터뜨리며 절규한다.

"그 사람을 믿으려고 내가 얼마나 노력했는데!"

믿으려고 노력했다는 것은 결국 믿었다는 건가 믿지 못했다는 건가? 노력하려는 의도만 생각하면 억울하고, 불신이라는 결과를 생각하면 미안할 일이다.

노력. 내게는 그 말이 때로는 숙제로 때로는 존경으로 다가왔다. 그러나 사람과 사람 사이에서 우리는 그 말을 자주 생색내기 혹은 변명하기 용으로 불러들인다.

하긴, 살 빼는 것보다 살 빼려고 노력하는 게 더 쉽고, 담배 끊는 것보다 끊으려고 노력하는 게 더 쉽고, 상대를 믿는 것보다 믿으려고 노력하는 게 더 쉽다 보니, 그럴 때 노력은 일종의 '부재 증명'에 그치기 십상이다.

결국 내가 원하는 것, 상대가 원하는 것은 거기 없다는 '알리바이' 말이다.

다 너 잘되라고

서로가 생각하는 '선하고 이상적인' 것들은 얼마나 다른지!

관계의 지옥으로 가는 길은 그렇게 선한 의도로 좌악~ 깔려 있다.

"다 너 잘되라고"

자식한테 이 말만은 하지 않는 부모가 되리라! 스스로에게 다짐시키듯 그는 그렇게 선언했다고 한다. 아들 하나를 둔 친구다. 정말 그렇게 살고 있다. 잘못되면 변명이고 잘 되면 생색인데, 그러기 싫다는 거다.

그가 다시 보였다. 나를 키운 부모, 내가 본 부모들과는 달라서다. 대개는 다 너 잘되라고 했으니 그런 줄만 알라 하시던데…

삶에도 관계에도 아마추어와 전문가가 있다. 아마추어는 자신의 '의도'에만 머물러 있다. 선한 의도로 모든 책임을 대신하려 든다. 전문가는 의도를 넘어 자신의 '영향'에 깨어있다. 기꺼이 결과를 책임지려 한다.

일상의 관계에서 내 행동은 여전히 아마추어일 때가 많다. 앞세우는 건 나의 선한 의도이고, 따지려 드는 건 상대의 불편한 영향. 나도 상대도 누가 먼저랄 것도 없다.

사이는 삐걱대고 양쪽 모두 억울하기 일쑤다.

다 아는데

들어보지 않아도 그게 뭔지 네가 어떤지 이미 언제나 다 알고 있다는

게으른 전지적 작가 시점의 고정관념.

뭔가를 알려주려는 상대의 말허리를 자르며 내가 말한다.

"알아. 알아. 다 안다고!"

"뭔 말인지 알겠는데…"

들어보지 않아도 그게 뭔지, 네가 어떤지 이미! 언제나! 다! 알고 있다니, 어떻게 그럴 수가 있을까?

머릿속 매뉴얼 덕분이다. 넌 이런 사람. 그건 저러저러한 것… 내가 경험했던 모든 것을 영구불변 모드로 새겨놓았기 때문이다. 그래도 예의상 상대에게 소명할 기회를 줄 때도 있다.

"네가 무슨 말 하려는지 다 아는데, 그래도 한번 들어나 보자. 어디 한번 말해봐"

이쯤 되면, 그의 말이 들릴 리 만무. 상대가 말하는 내내 내 안의 익숙한 목소리들을 듣느라 정신이 없기 때문이다. 특히나 잘 아는 사이! 아는 게 많아질수록 아는 줄 아는 게 많아지는 것 같다.

'알고 있다'는 확신에 찬 고정관념이 '알고 싶다'는 호기심을 누르기 일쑤다.

다 잘될 거야

'다 지나가리라'는 자각은 '다 잘 될 거야'라는 주문보다

얼마나 현실적이고 지혜로운지!

매일 아침. 그 라디오 DJ가 전하는 토닥토닥 끝인사.

"마음먹은 대로 다 잘될 거예요~ 언제나 영화처럼!"

'그럴 리 없겠지만!…' 난 혼잣말처럼 덧붙인다. 마음먹은 대로? 그것도 다? 혹시나 정말 그럴 거라고 내가 믿기라도 할까 봐. 대책 없는 낙관주의의 배신을 한두 번 맛본 게 아니기 때문이다.

살아볼수록 서늘하게 깨닫는다. 마음먹은 대로 되지 않는 게 삶이고, 내 맘 같지 않은 게 관계이고, 항상 눈부실 수 없는 게 미래라는 걸.

그런데도 낙심한 친구에게 혹은 불안한 자신에게 습관처럼 위로를 건넨다. **'다 잘될 거야!'**

그런데 어쩌지? 다 잘돼야 한다고 믿을수록, 다 잘되리라 기대할수록, 불안은 커지고 좌절도 깊어지기 마련이다.

다 잘 안 될까 봐. 다 잘 안 되어서.

다름 아니라

누군가에겐 무의미하게 튀어나오는 공식 대화용 오프너.

누군가에겐 무의식중에 내보이는 같은 편 인증서 암호.

오늘 아침 아파트 관리소장님이 마이크로 말을 건다.

"아~아~ 입주민 여러분 안녕하십니까? 다름이 아니라…"

누가 뭐라나요? '다름'이 아니라고 극구 해명부터 하시긴! 그리고 보니 남의 말이 아니다. 공식 석상에서 마이크를 잡을 때 다들 습관처럼 '다름이 아니라…'로 운을 뗀다.

이제부터 내가 할 말에 별다른 흑심이나 의도가 있는 게 아니라는 말일까? 당신의 기대나 생각과 크게 다르지 않을 테니 안심하라는 사전 당부인 걸까?

다름으로 크게 덴 적이 있는 사람처럼 무의식중에 백기부터 흔들고 본다.

다시는

아직 오지도 않은 날들에 영구 폐쇄 조치를 선언하는 말.

과거의 불쾌한 기억, 실망스런 경험이 미래에 내리는 종신형이다.

'다시'와 '다시는'은 한 글자 차이로 두 말의 표정이 180도 달라진다.

'다시'는 어떤 말인가? 전열을 재정비하고 새롭게 도전! 다른 가능성에 대한 설렘이 가득하다. 길을 잃지 않고 다다를 곳에 대한 의지가 느껴진다. 생기가 감돈다.

'또'가 같은 자리, 동어반복의 오기라면, '다시'는 성장과 성공의 의지다. 그러니까 '또'는 단순재생산의 말, '다시'는 확대재생산의 말이다.

'다시는'은? '다시'에 딱 한 글자 '-는'을 붙였을 뿐인데 의미는 영 딴판이다.

> "다시는 내가 기부 같은 거 하나 봐라."
> "다시는 그쪽 사람들 안 만날 테다."

단호박 같은 마음이 느껴지는 그 말. 뒤집어보면 상처 혹은 두려움이다. 또 실망하거나, 실수하거나, 실패할까 봐 굳게 앙다문 마음이다. 그저 '지금은…'이라 말해도 될 것을….

당장의 불편한 마음을 인정하면서도 새로운 가능성을 내치지 않는 지혜가 '다시는…'에는 들어설 자리가 보이지 않는다.

-답게

'-답게'에 길들여진 상상력은 고삐가 묶여있다.

달려봐. 여자답게! 싸워봐. 여자답게! 던져봐. 여자답게!

생리대 광고 캠페인이다. 여자답게? 듣는 순간, 내 머릿속에 동작이 그려진다. 양손을 가슴에 올려붙인 채 조신하게 달리는 모습. 치고받기보다 할퀴고 꼬집는 모습. 공을 던져봤자 고작 몇 미터를 못 넘기는 모습. 오랫동안 '~답게'에 길들여진 나의 상상력은 그렇게 고삐가 묶여있다.

그러나 웬걸! 소녀들이 달린다. 악착같이! 싸운다. 치열하게! 던진다. 있는 힘껏!

시하가 좋아하는 색은 핑크색. 시하가 즐겨하는 헤어스타일은 단발머리. 시하가 되고 싶은 미래는 공주.

시하는 배우 봉태규의 당시 다섯 살 난 아들이다. 그 꿈을 지지해주고 응원하는 아빠에게 악플이 쏟아졌다. 왜 남자아이를 남자아이답게 안 키우는 거냐고. 시하 아빠가 답했다.

"(그런 시하를) 저는 응원하고 지지해주려고요. 제가 생각할 때 가장 중요한 건 사회가 만들어놓은 기준이 아니라 시하의 행복이니까요."

그런 아빠를 둔 시하가 부럽다.

당연히

관계 속에서 '당연히'는 '고맙다'는 말을 지워 버린다.

일상 속에서 '당연히'는 '선택'의 기회를 지워 버린다.

세상 속에서 '당연히'는 '왜?'라는 말을 지워 버린다.

뭐든 익숙해지면 당연하게 여겨진다. 알던 대로, 하던 대로, 살던 대로, 있던 대로. 당연히 그럴 거라고 기대하고 당연히 그래야만 한다고 믿는다.

어느 순간부터 그렇지 않은 '부당한 것'들을 이해할 수도 없고, 이해하고 싶지도 않게 된다. 다른 가능성에 대한 질문은 금기이다. 물음표와 공존할 수 없는 말, '당연히'다.

'당연한 것들'에 갇혀 사는 한 깨닫지 못하는 현실이 있다. 사람마다 당연한 것들의 목록이 다를 수 있다는 것! 비혼주의자인 나의 친구에게 결혼은 '해당 없음'이지만 그의 부모에겐 나이가 차면 결혼하는 게 너무나 당연한 이치다. 누구랑? 당연히 남자와 여자라고 생각하는 사람들이 많지만 누군가에겐 당연히 사랑하는 동성과 하고 싶은 게 결혼이다.

각자의 입장에 따라 각자의 기준에 따라 각기 다른 방식으로 당연하다는 걸 자꾸만 까먹는다.

대단하네

상대가 자신의 기대를 넘어섰다는 칭찬 '대단해!'

그러한 편견을 가지고 있다는 고백이기도 하다.

"대단하다."고 말하는 친구에겐 나도 때로는 감당할 수 없을 만큼 힘들 때가 있다고 이야기할 수가 없고, "어쩜 이렇게 아이가 구김살이 없니, 대단해." 하고 말하는 친구에겐 "얘도 다리 때문에 스트레스받는 날 있어." 하고 말해봐야 소용이 없다. (중략) 다른 이를, 다른 이의 삶을 보며 '대단하다'고 찬사를 보내는 일은 비난하고 무시하고 욕하는 것만큼이나 무지하고 무례한 일일 수 있다는 걸 많은 사람이 아직 잘 모르는 것 같다….

한겨레 육아웹진 〈베이비트리〉에 실린 서이슬 님의 말이다(그에겐 'KT 증후군'이라는 희소 질환과 함께 태어난 아들이 있다.).

나의 말속에서도 흔한 '대단하다'는 칭찬, 다른 시선으로 보면 오지랖 넓은 평가다. 또 다른 시선으로 보면 의도치 않은 고백이다. '~라면 으레… 려니' 예상하는 편견 혹은 단견을 지니고 있다는 걸 은연중에 밝힌 셈이니까.

대하여

'대하여' 앞에 놓이는 순간 삶 속의 동사는 머릿속의 명사가 된다.

사랑하다 대신 사랑에 대하여… 배우다 대신 배움에 대하여…

"네가 사랑에 대해 뭘 알아?"

좀 많이 압니다만. 그것도 1박 2일 거뜬히 풀어놓을 수 있을 정도로. 사랑에 대한 정의, 종류, 역사, 사랑을 뜻하는 말… 사랑에 대하여 나는 꽤 안다…고 자부한다. 그 자부심은 내가 사랑을 하는 데 얼마나 기여했을까? 흠….

몸으로 맘으로 직접 경험하는 대신 여전히 머릿속에서 해석하고 판단하려 드는 나의 말. '대하여'는 마치 관중석의 대화로 만드는 필터 같다. 나는 왜 자꾸 이런 말을 하는 걸까? 지적으로 보이고 싶어서? 이성적으로 보이고 싶어서?

그런 것도 같다. 그런 때도 있다. 하지만 위험하게 경험하기보다 안전하게 생각만 하고 싶어서, 혹은 책임지고 싶지 않은 마음이 '대하여'를 찾게 만들기도 한다. 그럴 때 나는 지금 여기 나의 현장, 나의 현실에서 멀찌감치 떨어진 채 남의 삶인 듯 내뱉는다.

'나의 감정에 대하여?', '나의 감각에 대하여?', '나의 삶에 대하여?' 나와는 아무런 상관도 없다는 듯, 시침 뚝!

일종의 유체이탈 화법. 성숙한 관조와 성찰(?)이라고 보기엔 일상이 된 3인칭 관찰자 시점. 그 와중에 1인칭으로 경험하는 삶은 앎의 뒷전으로 밀리기 일쑤다.

도대체 왜

듣는 입장이 되어보면 안다.

질문의 탈을 쓴 힐난도 있다는 걸.

"도대체 왜 너는 그런 걸 좋아하는 건데?"

낮은 목소리로 격조 있게 친구가 내게 묻는다. 몸을 한껏 뒤로 뺀 채. 감정에 휘둘리지 않겠다는 듯이. 감정을 들키고 싶지 않다는 듯이.

내 사는 모양이 맘에 안 든다고 트집 잡고 싶었던 걸까? 그따위 것을 좋아하고, 그따위 사람들과 어울리고, 그따위 정당을 지지하는 게 영 마뜩잖아 책망하고 싶었던 걸까? 그럼 그냥 트집을 잡든가, 비난을 하지 않고.

대놓고 남의 방식과 취향을 비난하는 건 무례한 짓이라는 걸 머리로는 알겠는데, 불편하고 불쾌한 마음을 어쩔 수가 없어 참다못해 그렇게 물은 걸지도 모르겠다.

호기심 대신 자의적 판단과 힐난으로 가득 찬 "도대체 왜?" 그건 질문이 아니었다. 내 대답이 그다지 궁금하지 않은 저 표정. 내가 왜 그런지 정말 알고 싶었다면 그의 몸은 다르게 말을 걸어왔을 것이다. 나를 향해 더 가까이 몸을 기울였을 테고, 눈은 호기심에 가득 차 있지 않았을까? 아니 그냥 온몸으로 알고 싶은 마음이 느껴졌을 거다.

듣고 있다니까

경청은 '지금 이 순간 내겐 당신이 가장 소중하다'는 고백이다.

그가 하는 말은 물론 그 마음, 그 존재에 온전히 집중하는 거다.

"듣고 있어?", "듣고 있어…"

실랑이하듯 반복되는 대화. 그때도 그랬다. 여행 중 운전석의 그와 조수석의 나 사이에 논쟁이 벌어졌다. 기억도 안 날 만큼 사소한 주제였다. 사실 견해차도 미미했다. 그가 동쪽이라면 난 동동남쪽이라고 우긴 정도? 화근은, 아예 창밖으로 고정된 나의 시선.

"정말 듣고 있는 거냐고?" 집요하게 묻는 그에게 나도 발끈했다.

"듣고 있다니까!" 그 증거로 그가 한 말을 줄줄 외워댔다. "됐지?"

되긴 뭐가 되었겠나. 삐꿋해진 두 사람 사이에 무거운 침묵이 이어졌다.

그가 물은 '듣다'와 내가 답한 '듣다'는 똑같은 말이 아니었다. 이를테면, 청력 테스트와 청취력 테스트의 차이만큼 달랐다. 그의 '듣고 있냐?'는 자기가 왜 그렇게 생각하고 있는지 어떤 마음으로 말하고 있는지 듣고 이해했냐고 물었던 거다. 거기에 나는 '듣고 있다'고 했다. 그건, 청력에 아무 문제가 없다고 동문서답한 셈. 그것도 멀티태스킹에 의한 기억력만 믿고 당당하게 말이다.

때문에

책임을 밖으로 돌리는 습관 '때문에' :(

감사를 안으로 들이는 기회 '덕분에' :)

"내가 이렇게 된 건 다 우리 엄마 때문이야!"

쉰을 눈앞에 둔 친구의 지청구다. 일이 안 풀릴 때마다, 현실이 힘들 때마다 자기를 '버린' 어머니를 마음속 재판장에 불러들인다. 갑작스러운 사고로 아버지가 돌아가시자마자 생계를 위해 어린 자식을 친정에 맡겼다는 거다. 그곳에 '버려진' 후 꽤 힘든 시간을 보냈다는 거다.

40년도 훨씬 지난 지금. 친구야 그래서 넌 '어머니 때문에' 힘들어진 삶을 위해 이제 무엇을 하려고 하니?

이겨야만 인정받고 성공해야만 대접받는 곳에선 패배와 실패의 책임이 무겁고 가혹하기 마련이다.

부족한 능력뿐만이 아니다. 불편한 관계, 불쾌한 감정조차 본능처럼 탓할 거리를 찾게 된다. 자책과 비난이 두려워서, 책임의 아웃소싱!

입버릇처럼 '때문에'를 앞세우는 건 그래서 아닐까? 아무도 책임지지 않는 내 삶이 그렇게 버려지든 말든….

마땅히

이치와 도리의 과녁이 있다면 10점 만점의 10점짜리 말.

마땅한 것과 못마땅한 것들을 가르는 무자비한 심판관.

'마땅히'. 어른, 선생, 종교인, 지도자들에게서 수없이 들어온 말이다. 지당하고 또 지당해서 더는 이의를 제기할 수 없게 만드는 그 카리스마라니! 입 밖으로 내뱉지 않았을 뿐, 언젠가부터 나의 말이 되었다. 그런 맘이 가득 차오르면 불쑥불쑥 입 밖으로 흘러넘치기 일쑤다.

못마땅한 것을 사전에 막고 사후에 벌하고 싶은 마음이 들 때, 그렇게 하는 게 결코 내 삿된 욕구와 기대 때문이 아니라는 것을 누구보다 스스로에게 해명하고 싶을 때, **마땅히! 마땅히! 마땅히!**

무자비한 심판관을 내 안에 모셔 들인 셈이었다. 그 심판관의 눈으로 보니, 세상은 못마땅한 것투성이. 내 앞에 있는 상대도, 내가 생활하는 일상도, 그 무엇보다 '마땅히'가 요구하는 기준에 못 미치는 나의 행동, 나의 욕구, '나'라는 존재는 그래서 난감하고 수치스럽게만 느껴진다.

상대든 자신이든 있는 그대로 인정하고 받아들이라고? '마땅히'를 마음속에 모시는 한, 그건… 당치도 않은 말씀!

마지못해

마다하든 마지못해 하든 그건 전적으로 나의 선택.

그 선택 기준의 우선순위를 남에서 나로 바꾸지 않는 한

'마지못해' 울며 겨자 먹을 일은 평생 계속 될 것이리니…

"아니다", "싫다", "못 하겠다".

차마 마다하지 못할 때가 있다. 아니 자주 있었다. 울며 겨자 먹어본 적은 없었으니 그런 심정이라고는 말 못하겠고…. 그럴 때, 난 그런 상황을 만든 상대나 상황이 그저 야속하고 괘씸했다.

'차라리 마다할 걸….' 매번 뒤늦게 후회하지만 그때뿐. 행동의 변화가 없는 반복적인 후회는 늘 자책과 변명으로 이어진다.

도대체 왜 난 거절을 못 하는 걸까? 상대를 실망하게 하고 싶지 않아서? 혹시나 하는 미련 때문에? 아니면 능력자, 해결사로 비치고 싶어서?

그 질문에 답해주는 책들이 줄줄이 베스트셀러로 등극한다. 그 해결책을 알려주는 강연 영상들은 어김없이 조회 수가 높다. 나만 그런 게 아니었던 거다.

그러나 '안다'고 어디 습관이 바뀌던가!

말도 안 돼

믿을 수 없을 정도로 놀랍다는 '수다유발' 추임새?

말 같지도 않은 말 집어치우라는 '감정싸움'의 신호탄?

똑같이 말해도 듣는 기분은 완전 다르다. 뉘앙스가 다르니 그 의도를 헷갈리는 경우는 거의 없다.

"정말? 정말? 말도 안 돼!"

두 귀는 쫑긋, 두 눈은 반짝. 이 추임새는 안 되는 말이라도 더 하고 싶게 만든다. 과묵한 남자친구도, 수다쟁이로 만들 정도로 특별한 힘이 있다.

"에이, 말도 안 돼!"

나도 모르게 눈살 찌푸리며 불쑥 내뱉는다. 말 그대로 말도 안 되는 말, 말 같지 않은 말이라 여겨질 때다. 그 말이 내 기준과 기대를 벗어났다고 판단될 때다.

"그걸 말이라고 하니?"

때로는 상대의 이 사이에 낀 고춧가루를 빼주는 심정으로 거울처럼 성찰의 질문을 던지기도 한다. 그걸로도 성에 안 차면 가만있는 옆의 친구까지 끌어들인다. "얘, 지금 뭐라니?"

이 미묘한 무시와 모욕의 말버릇!
우정에 실금 하나 추가다.

망쳤어

높은 성공기준이나 기대는 한걸음 성장을 인정하지 못하게 만든다.

그래서 더 분발할 수도 있고 그래서 더는 못 가고 좌절할 수도 있다.

"여기 처음 나온 날, 그때 쓴 일기를 보니 '망쳤다, 무대를 망쳤다'고 써놨더라고요."

〈유희열의 스케치북〉 400회 특집에 출연했던 아이유의 고백이다. 누가 봐도 성공적인 데뷔였는데 정작 본인에겐 성에 안 찼나 보다. 의외이면서도 왠지 익숙한 저 느낌. 완벽주의자들에겐 남 이야기가 아니었다.

중국에서 두 학기 동안 함께했던 국제대학원생들이 한국을 다녀갔다. 교환학생 자격으로 1년간 유학을 온 거다. 과정을 마칠 즈음, 한국에 있는 동안 어떤 면에서 어떤 성장을 경험했는지 적어보라 했다. 다들 이런저런 대답을 가득 적어 내려갔다. 한 학생만 빼고…. 곤혹스러운 표정으로 빈칸을 내려다보고 있는 그에게 다시 물었다.

"여기 같이 온 친구들과의 사이는?" "훨씬 친해졌어요!"
"한국어 실력은 예전보다?" "좀 나아지긴 했지요…"
"버킷리스트라던 맛집 체험은?" "ㅎㅎ 꽤 많이 다녔어요."

맨날

말하는 사람이 노리는 것은 '비난의 극대화' 효과.

듣는 입장에선 억울하고 폭력적인 '일반화의 오류'.

국적을 불문하고 남편들이 두려워하는 말이 있다고 한다.

"여보, 우리 얘기 좀 해!"

통역하면 "나 지금부터 따질 게 있으니 각오해."

본격적인 '얘기' 주제는 '맨날'로 시작된다.

"당신 요즘 맨날 술이더라! 어떻게 된 인간이 맨날….'

일주일은 일곱 날. 남편이 딱 두 번 마신 거 알면서도 '맨날'이라 한다. 일 년은 365일. 친구가 고작 서너 번 늦은 걸 두고 '맨날'이라 한다. 엄연히 마시지 않은 다섯 날, 늦지 않은 날들도 있는데…

관용 표현에 웬 딴지? 듣는 입장에선 억울한 말이기 때문이다. 이쯤 되면 '일반화의 오류'가 아니다. '일반화의 폭력'일 수도 있다. 버리겠다고 다짐해보지만 이 고약한 말버릇의 회복 탄력성이라니! 또 맨날 '맨날'로 싸잡는 걸 잊지 않는다. 뭐랄까, '이야기'의 정당성이 강화되는 느낌? 거기에 극단의 표현이 주는 명쾌함 혹은 통쾌함도 한몫한다. 셈 바른 사람도 맛 들이면 습관처럼 꺼내 쓰게 되는 이유다.

맹세코

하늘, 신, 부모, 자식, 명예… 어떤 이름을 걸든

말에 박는 '맹세'라는 못은 대개 헛되거나 위선이다.

없을 때 찾게 된다. 불행할수록 행복 타령을 하듯, 못 미더울수록 확신용 멘트가 넘친다. 예를 들면 '맹세코'.

이 말을 입버릇처럼 앞세울 때가 있다. 내겐 둘 중 하나다. 과하다 싶을 정도로 확신에 차서 약속할 때, 혹은 격하게 결백을 주장할 때.

'맹세코'라는 못으로 내 말을 박아버리는 이유? 아무래도 나의 말만으로는 상대를 혹은 자신을 믿게 할 수 없어서다. 연대 보증인으로 제3자를 끌어들인다. 하늘에 대고 맹세하고, 신의 이름을 걸고 맹세한다. 당사자의 허락도 없이 내 맘대로…. 그런다고 나의 말이 더 결백해지던가? 글쎄다.

스스로도 못 미더운 말이라면, 무엇을 걸든 거짓 맹세일 가능성이 높다. 그런다고 나의 약속이 더 확실해지던가? 글쎄다. 세상 어찌 될 줄 알고. 그때 가봐야 알 일이다.

오만과 위선이 헛된 맹세를 하게 만든다.

몰라 그냥

타인과의 교감을 거부할 때, 자신과의 교감이 두려울 때
'그냥'이라는 말은 '쓸쓸한 관계의 그림자', '감정의 무덤'이 된다.

일상 속 대화를 떠올려본다. 나의 그냥, 너의 그냥, 그 사람의 그냥…. 그냥이란 말이 참 여러 가지 감정을 불러일으킬 때가 있다.

"그게 왜 좋아? 그 사람을 왜 사랑해?"
"그냥! 좋은 데 이유가 있니?"

아하. 왠지 느낌표가 들리는 '그냥'이다. 그 대답으로 족해서 더 묻지 않는다. 그러나 뒤끝이 개운치 않은 '그냥'도 있다. 말줄임표 같은 '그냥…'

예를 들면, 난 알고 싶어서 질문했는데, "그냥…"이라는 초단답형 대답이 돌아오면? 그 의미는

1. 네게 말해주지 않으련다. 나누고 싶지 않아서.
2. 나도 그 이유를 모르겠다. 내 맘 들춰본 적이 없어서.

서로 감정을 나누지 않는 관계, 혹은 자기감정의 심연을 들여다본 적 없는 삶. 어느 쪽이든 그럴 때 그냥은 처음엔 답답하고 결국엔 쓸쓸해지는 말이다. 가끔은 듣고 있는 마음이 찜찜하고, 때로는 묻어두는 몸이 위험해지기도 한다.

무모하게도

"수평선은 누구에게나 보인다

수평선 너머를 보는 것은 '혜안'이다

수평선 너머로 날아가는 것은 '용기'이다."[6]

"행복해지려면 두 가지를 해야 한다. 첫 번째는 다른 사람에 대한 기대를 낮추는 것. 두 번째는 자신의 엉뚱하고 무모한 꿈으로부터 떠나는 것."

인터넷에 떠도는 '오십이 넘어서야 비로소 이해되는 말 18' 가운데 하나다. 첫 번째엔 100% 동의. 그런데 두 번째 주장 앞에서 잠시 주춤. 무모한 꿈이라면 '신중하지 못한 어리석은 꿈'이란 건데, 그런 꿈도 있나? 계획이라면 모를까.

그나저나 '무모하다'고 여기는 근거는 뭐지? 생존이 위태롭거나 실패를 자초할 확률이 높다고 판단됨? 그런데 그 기준은 시대에 따라, 사회에 따라, 개인에 따라 다르지 않나?

이를테면, 네모난 지구 그 끝에는 우주의 낭떠러지가 있다고 믿었던 시절, 기어이 그 끝까지 가보겠다고 나서는 건 무모하기 그지없는 짓으로 여겨졌던 것처럼. 학력과 학벌이 성공을 좌우하는 사회에서 대학진학을 포기하고 창업해보겠다는 자식의 선언이 부모에게 그런 것처럼.

우리가 본능처럼 머물고 싶어 하는 안전지대의 경계선은 두려움이다. 무모하다는 건, 그 경계를 함부로 넘어서고 있다는 경고 아닐까? 그러고 보니 무엇을 두려워하는가에 따라 '무모'의 경계선이 달라진다.

무조건

상대의 상황, 입장, 감정, 한계 따위

고려하거나 알려고도 하지 않겠다는 말.

"목소리는 무조건 크게~

그래야 씩씩하고 자신 있게 보이지!"

다문화가정 자녀의 방과 후 공부를 돕고 있는 막내오빠는 그 학생을 볼 때마다 큰 목소리를 강조했단다. 기어들어 가는 목소리에 말수조차 적은 아이. 내성적인 성격 때문일까? 한국말을 못 하는 엄마 때문일까? 어려운 가정형편 때문일까? 그래도 그렇지. 그럴수록 무조건 더 크게 더 씩씩하게~

어느 날, 그 아이가 역시 기어들어 가는 목소리로 이야기를 하더란다.

"선생님, 저 심장 수술 받아서 소리를 크게 내는 게 힘들어요…"

P.S.

명령문으로 만들 수 없는 동사 세 개가 있다. 영어로는 dream, read, love. 의사를 꿈꿔라? 고전을 읽어라? 나를 사랑해라? 무조건 명령한다고 될 일이 아니다.

문제야

물음표와 친한 '문제'가 있다. 붙잡고 풀어야 할 해결과제다.

느낌표가 붙는 '문제'가 있다. 바꾸거나 버려야 할 처리대상이다.

역사 속에 거창하게 등장하는 '문제적 인물'이 아니다. 익숙한 정답에 의문을 품게 하는 '문제의식'도 아니다. 일상 속 대화를 열고 닫는 나의 '문제'는 현실을 끝없이 가르고 판단하게 만든다. 나의 기준, 나의 기대, 나의 기억에 따라.

문제아, 문제 학생, 문제 직원, 문제 인물, 문제 가정…

이때의 '문제○○'는 '틀려먹은'의 완곡어법이다. 정답과 다르니, 고치지 않으면 인정 못 하겠다는 판결문이다. 처리해야 하거나 처치해야 하는 대상이라는 낙인이다. "넌 그게 문제야."

문제로 판결 내고 낙인찍는 기준은 무소불위. 기준에 부합하지 않고 기대에 부응하지 못하면 자신이라도 가차 없다.

'바로… 난 이게 문제야!'

'내가 나인 게 문제'라는 이야긴데… 이쯤 되면 대략 해결 불능상태! 나는 문제이기 때문에, 문제인 나를 해결할 수가 없기 때문이다. 게다가, 한번 문제라고 보기 시작하면 웬만해선 그 시선을 거두기 어렵다. 그야말로 문제가 문제가 되는 문제적 순간이다.

물어보나 마나
들어보나 마나

그러다 시시각각 바뀌는 현실에 뒤통수 맞기 일쑤다.

달라진 상대, 몰라본 상대를 억울하게 대하기 십상이다.

'묻지 않는다?', '듣지 않는다?' 이유는 둘 중의 하나. 알고 있다고 확신하기 때문이거나 알 가치가 없다고 판단하기 때문이다. '물어보나 마나'는 생각해보나 마나 앞의 경우다.

"여보~ 옹! 나 어디 달라진 데 없어?"

부부관계에 엄청난 긴장을 불러일으키는 이 말. 알고 보면 괄목상대 좀 해달라는 요청이다.

하루하루 달라지는 상대. 항상 눈 비비고 다시 바라보라고 했던가. 괄목상대. 생각할수록 백번 천번 옳으신 말씀이다. 생명 있는 모든 것은 시시각각 변하기 마련이니까. '관계의 지혜 1조 1항'에 나올 법한 자세다. 하지만 진짜 나의 일상에선?

상대를 괄목할 여유와 이유가 없다. 지금은 바쁘니 다음에… 과거에도 그랬으니 으레 그러려니…

뭘 (잘)했다고

뭐라도 하지 않으면 안 된다? 그것도 잘하지 않으면, 안 된다?

이놈의 강박!

아무것도 하지 않았다고 자책한다. 잘하지 않았다고 질책한다. 그 밑에 숨 막히는 강박이 있다.

'뭔가를 해야만 해. 그것도 잘~!'

그래야만 인정할 수 있고, 인정받을 수 있다고 믿었다.
나 자신에게도 그랬고, 상대에게도 종주먹을 들이대며 채근했다.

몸을 쉬게 하는 법을 몰랐다.
마음을 쉬게 하는 법을 몰랐다.

사이는 각박하고 야박해졌다.
피로 사회, 피로 인생의 탄생!

미안한데

부탁을 들어준 상대에 대한 고마움보다 자기변명이 급했던 걸까.

민폐 끼친 것 같아서 영 '마음이 편치 못하고 부끄럽다'는 나의 말.

기왕이면 '미안해'라는 말보다 '고마워'란 말이 더 좋아. '미안해'라고 하면 어쩐지 내가 뭘 잘못한 것 같지만 '고마워'라고 하면 내가 뭔가 좋은 일을 한 것 같잖아.

- 미도리카와 세이지,《맑은 날엔 도서관에 가자》중에서

'미안할 일은 애초부터 만들지 말아야지.' 되뇌지만 내 맘처럼 안 풀릴 때, 나 혼자선 역부족일 때가 부지기수다.

도움이 필요한 순간, 일단 '미안한데….'로 운을 뗀다. 이어지는 변명이 구구절절하다. 다행히 상대가 들어주면 그 부탁 들어줘서 고맙다는 뜻으로 또 '미안하다.'

나 원래 그런 사람 아닌데, 함부로 부탁하는 뻔뻔한 사람으로 보일까 봐? 아마도.

나 원래 그런 사람 아닌데, 남의 신세나 지는 못난 사람으로 보일까 봐? 어쩌면.

바빠서

바쁜 것도 맞고, 보고 싶은 맘이 있기는 하니 '정말' 맞다.

하지만 더 솔직한 '정말'은 우선순위에서 밀렸다는 것이다.

돈이 많으면 부자. 돈이 없으면 빈자. 그렇다면 시간이 많으면 시간 부자. 시간이 없으면 시간 빈자겠다. 바빠서 쩔쩔매는 거로 치면, 난 오랫동안 시간 극빈층이었다.

그나마 '옷 입고 하는 일 중 가장 재미난 일'로 바빴으니 운이 좋은 편? 힘들어 죽겠다고 엄살을 부렸지만 내심 그런 상황을 즐긴 것도 같다.

바쁜 게 능력이라 생각했다. 그게 잘사는 건 줄만 알았다. 이렇게 바쁘게 살다 보면 뭐가 되겠지 하는 맘으로. 안 바쁘면 억지로라도 바쁠 일을 만들었던 건 그래서다. 몸과 맘이 헉헉대는 줄도 모르고 말이다.

"바빠서…"

별로 만나고 싶지 않은 사람들에게도 나는 이 말로 둘러댔다. 만나고 싶은 사람들에게도 이 말로 양해를 구했다.

"정말 보고 싶지만 바빠서… 내 맘 알지?"

그 말, 그 맘은 얼마나 정말이고 진심이었을까?

반드시

확률로 치면 100%를 강요하거나 약속하거나 예측하는 말.

'반드시'에 중독될수록 관계유지능력, 현실대처능력은 젬병이다.

어떤 질문도 받지 않는다. 이의제기는 그야말로 '감히'다. '반듯한' 모범생이 되려면 '반드시'를 받들어야 한다(그러고 보니 받아쓰기에서 '반드시'와 '반듯이'를 헷갈렸던 게 무리는 아니었어.).

통제가 손쉬워 꼬장꼬장 '꼰대'들이 최애하는 이 말. 그러나 이미지 관리상 입 밖으로 내뱉는 경우는 매우 드물다!

상대 통제 효과? 글쎄올시다.

상황 예측 효과? 아니올시다.

통제하려 들면 들수록 저항하게 되는 게 인간의 본능이기 때문이다. 언제 무슨 일이 생겨날지 모르는 불확실성의 시대이기 때문이다.

확률 100%를 강요하거나 예측하거나 약속한다는 건 더 이상 현실적이지도 않고 효율적이지도 않다. 강조된 희망사항 혹은 낚시성 의도가 아니라면 말이다.

받아서 맛이 아니라

예의와 도리를 앞세워 대접받고 인사받기를 원하는 말.

"인사, 그거 받아서 맛이 아니라…"

"대접, 그것도 받아서 맛이 아니라…"

연식이 좀 된 듯한 이 관용구, 주위 어르신들에게 심심찮게 듣고 있다. 오래 지켜본 결과, 받고 싶으셨던 거, 맞다. 받지 못해 섭섭하셨던 거다.

성의를 보이지 않는 걸 '무심'보다는 '무례'와 '몰상식'으로 여기시는 눈치다. '예의'상 '도리'상 결코 좌시할 수 없었다고 하신다. 또 다른 이유가 있는 것도 같고…. 이를테면 무시 혹은 괄시라고 느끼신다든가 뭐 그런…. 내겐 그렇게 느껴졌다.

"기껏 도와줬더니 입을 싹 씻어?"

"그렇게 마음 써줬는데 고맙다는 인사도 없다니!"

"고생하며 키웠더니… 지네는 안 늙나 봐라."

못마땅하실 수 있겠지. 하지만 예의와 도리를 앞세우신다. 받아서 맛이 아니라고 손사래를 치신다. 글쎄다. 대접받기를 기대하고 인사받기를 고대하는, 나 그런 사람 아니라고 말씀하고 싶으셨던 걸까?

버릇없이

삐딱하게 서는 건, 척추에 예외없이 노~노~노~!

삐딱하게 사는 건, 인생에 때로는 예스~예스~예스~!

버르장머리. 우리 동네 미장원 이름이다. 어! 그 '머리'가 그 '머리'는 아닐 텐데. 갸우뚱하기엔 간판에 적힌 글씨가 얼마나 크고 당당하던지! 정작 그 아래 소심하게 적혀 있는 단발머리, 파마머리, 붙임머리, 올림머리들이 옴매 기죽어 보인다.

버르장머리는 '버릇'(윗사람에 대하여 지켜야 할 예의)에 비속어 전환용 '머리'가 붙은 말이다. 인정머리, 소갈머리, 주책머리, 싹수머리, 안달머리, 주변머리에서 느껴지듯 비하와 경멸의 시선이 그득한 '머리'다.

"저, 저, 저⋯. 버르장머리하고는!"

요즘 젊은것들이 제멋대로 군다고, 혀를 끌끌 차는 그 마음. 다시 생각해보니 참 버릇없다. 젊든 늙든 다 제멋대로 살고 제 기준대로 갈 길이 있을 터. 나이를 앞세워 어린 상대가 제멋 말고 내 멋을 따라 하길 바라다니! 힘을 앞세워 돈을 앞세워 까불지 말고 내 기준, 내 방식, 내 기대대로 행동하라는 '갑질'과 뭐가 다른가?

그런데 언젠가부터 내 맘속에도 자주 출몰하기 시작했다. 내 멋대로 말고 제멋대로 구는 상대를 보면, 심사가 불편하다. '저, 저, 저 삐딱한 걸 당장 바로 잡아줘야 할 텐데⋯' 조바심이 불뚝댄다. 몸보다 먼저 늙은 이 버릇없는 마음을 어쩐다?

별일 아냐

아플 땐 아프다고 말하고 기쁠 땐 기쁘다고 말하는 게
감정을 성숙하게 다루는 지혜다.
아플 때 아프게 들어주고 기쁠 때 기쁘게 들어주는 게
관계를 깊이 있게 맺어가는 지혜다.

얼마 전 친구의 추천으로 본 드라마 〈나의 아저씨〉에서 그 아저씨가 속으로만 중얼거리던 말.

'별일 아냐. 아무것도 아냐.'

상처 입을 때마다 자신을 다독이듯 그는 그렇게 견딘다. 정말 별 일 아닐까? 정말 아무것도 아닌 걸까? 그 말은 별일 아니니, 울 것도 없게 만든다. 이쯤이야 아무것도 아니니, 남에게 토로하지도 못하게 만든다. 그저 저 혼자 속으로만 꾸욱꾸욱 진통제처럼 그 말을 삼킬 뿐이다. 차라리 물색없어 보이는 극 중 막냇동생이 내 눈엔 훨씬 건강해 보인다. 여간해선 내색을 안 하는 그런 형을 보다 못해 결국 쏟아낸다.

"형이 실컷 울었으면 좋겠어. 아주 눈물 콧물 질질 짜가면서. 안 그러는 형이 너무 마음 아파. 속을 다 까뒤집지 못하는 형이 너무 마음 아파. 꾹꾹 눌러대다가 형 병나 죽을까 봐!"

마음 아픈 자신에게 그리고 상대에게 함부로 말하지 말아야겠다. 그건 아무것도 아니라고, 별일 아니라고 하면 아픈 속을 까뒤집을 수 없게 되니까. 상처받은 마음을 알아줄 수가 없으니까.

부족하나마

지나친 겸손이 만들어낸 자기비하의 말.

글로벌 기업의 면접장. 아시아 지원자들은 특징이 있다고 한다. 목소리는 작고, 자신을 자꾸 부족한 존재로 어필한다는 것.

"뽑아만 주시면 부족하나마 최선을 다해 일하겠습니다."

스스로도 부족하다고 여기는 사람을 왜 뽑아야 하지? 우리는 안다. 그것이 겸손인 줄! 겸손도 지나치면 병이라고 했다. 그 병이 어쩌면 '자기비하' 아닐까. 습관이 된 겸손, 지나친 겸손이 만들어낸 자기비하. 비현실적 완벽주의가 만들어낸 오만한 자기비하.

자기비하는 분노와 오해의 원천이다. 자기를 무시하는 타인을 보면 자동 분기탱천하게 만든다. 타인이 무슨 행동을 하든, 자기를 무시하는 줄 오해하게 만든다. 끝없는 고통의 시작, 그야말로 무간지옥이다.

불쌍해서

딱해 보이는 겉만 보고 '불우이웃' 판단을 내릴 때가 있다.

오만함이 현실을 제대로 보지 못하는 청맹과니로 만든다.

TV '시+청'하는 낙으로 사신다는 독거노인 나의 어머니. 부쩍 귀가 어두워지신 뒤로는 '시'만 하고 계신다. 그런 어머니가 연신 혀를 차신다. **"불쌍하네, 불쌍해…"**

TV에 나온 할아버지 모습을 겉잡아 보시고 하시는 말씀이다. 굽은 등, 해진 옷깃, 평생 일만 하셨을 것 같은 손으로 할아버지는 비지땀을 흘리며 폐지를 줍고 계셨다.

"저렇게 해서 장학금 마련하신다잖아요! 그래도 저 할아버지는 할머니랑 사이좋게 해로도 하시고… 불쌍한 건, 혼자되신 울엄니네."

반 농담으로 건넨 말에 팔순 노모가 발끈하신다.

"내가 뭐가 불쌍해!"

그 말이 왜 그리 불쾌하고 언짢게 들리셨던 걸까? 짚이는 데가 있다. 모전여전. 내게도 그런 구석이 있으니까. 평소 맘속에 담아둔 생각.

'누구든 딱한 처지에 놓일 수 있지. 나만 빼고!'

'난 그럴 리 만무하고 그래서도 안 되지~ 설마 내가 저런 처지가 될까 보냐!'

순진하고 교만한 그 마음이 '불쌍하다'는 그 말로 상처 입히고 그 말에 상처받는다.

불안해하지 마

그러지 말라는 조언이 늘 힘이 되는 건 아니다.

오히려 그 바람에 강박에 자책이 더해질 때가 많다.

오래전, 저 아랫녘 섬을 여행할 때 겪었던 일이다. 파고 5m. 섬에 갇혔다. 배를 띄우면 안 되는 상황이었지만 '빽' 좋은 누군가가 '중앙'에 연락을 했다. 덕분에 마침내 출항.

속으로 욕하면서 배에 올랐다. 그야말로 격랑에 승객들은 토하고 쓰러지고 난리도 아니었다. 흔들리는 배 한 기둥을 잡고 어떻게든 흔들리지 않으려고 버텼다. 온몸이 뻣뻣해질 정도로. 그때 옆에서 바다 경험 많은 청년이 귀띔해준다.

"파도의 움직임에 몸을 온전히 맡겨보세요! 그래야 멀미를 덜 해요." 오호~ 정말 그랬다.

"떨지 마! 잘할 수 있어.

불안해하지 마! 아무것도 아냐.

슬퍼하지 마! 곧 잊힐 거야."

그러지 말라는 조언이 늘 힘이 되는 건 아니다. 오히려 그 바람에 강박에 자책까지 더해질 때가 많았다. 떨면 안 돼, 다짐할수록 더 떨렸고, 불안해하면 안 돼, 다잡을수록 더 불안했고, 슬퍼하면 안 돼, 억누를수록 더 슬픔이 복받쳤던 기억들…. 차라리, 떨어도 돼. 불안해해도 돼. 슬퍼해도 돼. 누군가 그렇게 말해주었다면? 나는 그래 주면 좋겠다.

불편해서

"불편에 대한 두려움으로도 철창을 만들 수 있다."[7]

그 안에 마음을 가두고 관계를 가두는 삶의 감옥.

구한말. 땀을 뻘뻘 흘리며 테니스를 치고 있는 선교사들을 보고 양반 나리들께서 한 말씀하셨다.

"쯧쯧, 아랫것들 시키지 않고~"

인공지능(AI)이 일상을 돌봐주는 시대가 상상이 아니라 현실이 되었다! 운전도 알아서, 스케줄 관리도 알아서, 집안 살림도 알아서. 일상을 도맡아 챙기는 모습이 유능에 만능을 겸비했다. 점점 머리를 쓰지 않아도, 손을 쓰지 않아도 인공지능이 척척 대신해준다. 써볼수록 그 편리함에 홀딱 빠지고 만다. 시간과 평화를 선물 받는 느낌이랄까.

그 덕인가, 그 탓인가. 점점 더 '불편한 것'들이 불편해서 견딜 수 없게 되었다. 과정의 불편함은 디지털 문명에 맡기고 달콤한 결과만 손에 넣으려 든다! 몸이 불편한 것도 못 견디겠고, 맘이 불편한 것도 못 견디겠고, 복잡해서 불편한 것도, 낯설어서 불편한 것도, 달라서 불편한 것도….

이러다간 나, 불편한 게 불편해서 급기야 사는 게 불편해서 불행해질 판이다.

빨리빨리

고속, 완행, 직행, 경유, 중간하차, 또…

삶을 배려하는 다양한 선택지가 주는 자유.

급구!

사람마다 상황마다 방향만큼 속도도 제각각이기 마련이다. 그런데 우리 사회의 속도는 누구나 언제나 예외 없이 '빨리빨리'.

이유를 물을 새도 없다. 방향을 따질 새도 없다. 목표를 정할 새도 없다. 휴식을 취할 새는 더더군다나 없다. 그저 빨리빨리~ 빨리빨리~.

무엇이 우리를 이토록 강박적인 조급증 환자로 만든 걸까? 멈춰 생각해볼 엄두가 안 난다. 그러는 순간 뒤처질 것 같아서. 어쩌면 멈춰본 적이 없어 멈추는 법을 모르기 때문일 수도 있다.

있는 힘껏 최선을 다해 살다 보면 되겠지 하는 생각뿐. 쓰러지기 전까진 빨리빨리 트랙을 돌고 또 도는 거다. 그것이 내가 원하는 삶인지 아닌지 따지는 게 사치스럽게 느껴진다.

어슬렁어슬렁, 느릿느릿, 느실느실, 느직느직, 는지럭는지럭, 늘쩡늘쩡, 꾸무럭꾸무럭, 마침내 빈둥빈둥!
내 마음이 감당할 수 있는 말은 어디까지일까?

사실은

"당신의 신뢰도를 단박에 무너뜨리는 단 하나의 말"[8]

사실, 진짜, 정말, 솔직히…

그런 말들을 들을 때마다 왠지 '진짜 진짜 레알 원조'라고 써 붙인 간판을 보는 심정이었다. 이 책을 준비한다는 소식을 전해 들은 지인이 내게 물었다.

"나는 왜 자꾸 입버릇처럼 '사실은'이라고 말하는 걸까요?"

글쎄요. 지금부터 더 깊이 있게, 더 사실적으로 말하겠다는 다짐? 아니면 적어도 지금부터 하는 말만큼은 꼭 좀 믿어 달라는 무심결의 신신당부? 의도가 무엇이든 은근히 민망하고 고약한 말버릇이다. 앞에 한 말을 거짓으로 만들 수도 있으니, 자칫하다간 자기부정의 늪에 빠질 수도 있는 '말들의 검은 구멍'이다.

상식적으로

상식이 통하는 사회는 건강하다.

그러나 상식이 강요되는 대화는 위험하다.

'상식'이란 포장지는 매력적이다. 개인적 생각을 객관적 진리로 보이게 하는 효과. 그런 기대가 자꾸 '상식적으로'를 앞세우게 한다. 그러니 지금부터 내가 하는 말에 토 달지 말고 받아들이라는 말로 들릴 때가 있다. 묻지도 따지지도 말고 믿고 따르라는 말이다.

이 말에서 허세를 좀 빼면 '**다들 알다시피**'.

아예 상식으로 받아들이는 것을 기정사실로 못 박아두는 말이다. 모르면 바보이고 안 받아들이면 이상한 사람이라는 은밀한 협박이 저 밑에 슬쩍 깔려있다. 말 틈에 슬쩍 끼워 넣는 이 느낌의 헤게모니!

설마

그럴 리 없다고 믿었던 1%의 가능성이 현실로 나타났을 때

'설마'에 붙들린 마음은 그야말로 '멘붕'에 빠지게 된다.

복잡다단, 예측불허.

지금은 그래서 확신보다 확률이 지혜다.

확률을 믿는다는 것은 비 올 가능성 99%이라고 예보하더라도 비 오지 않을 가능성 1%를 존중하고 그 현실이 일어날 수도 있음을 인정하는 것이다.

'설마!'는 그 1% 가능성을 배제한다. '그럴 수도!' 있다는 확률보다 '그럴 리가!' 없다는 확신에 가득 차 있다. 변수 많은 세상. 현실대응력이 현저히 떨어진다는 얘기다.

쉽게 말하자면

은연중에 전문가의 넘볼 수 없는 권위와 경계를 강조하는 말.

혹시 쉽게 말할 생각이 없는 거 아닌가 의심이 들기도 한다.

의외로 자주 듣게 되는 말버릇이다. 내 입에서도 이 말이 나올 때가 있다. '이건 내가 전문이다' 싶은 주제가 등장할 때다. 비전문가들을 위해 내가 나서서 풀어 설명해줘야겠다고 마음먹었을 때다. 언젠가 '우리 영화는 박찬욱 감독 이전과 이후로 나뉜다'는 주장을 들었다. 그 의견에 찬성하든 안 하든, 다음 이야기가 꽤 인상적이었다.

> "그 이전 영화들은 자꾸 설명하려 들었어요. 관객 수준을 못 믿은 거지요. 박찬욱 영화엔 설명이 없어요. 관객들이 알아서 이해하리라 믿었기 때문입니다."

그의 관점에서 보니 '쉽게 말하자면' 이 말버릇을 다시 생각하게 된다. 상당한 지식과 권위가 내게 있다고 믿고 있을 때, 내 앞의 상대가 초보자 풋내기 일반인들이라고 생각할 때, 걸핏하면 설명하려 드는 나. 사실은 친절이 아니라 오만이었던 거다. 전문가의 권위에 대한 높은 자부심은 그대로 깊은 두려움이 된다. 행여 여염집 비전문가들이 그 권위를 인정하지 않을까 봐, 그들과 나눠 가져야 할까 봐.

그래서일지도 모른다. 이를테면 의학용어나 법률용어와 같은 전문용어를 일반인들이 이해할 수 있도록 바꾸려 들지 않는 이유 말이다.

실수 없이

우리가 '실수'라 부르는 것을 누군가는 '경험'이라 부른다.

작은 실수를 자주 경험해봐야 큰 실수를 피할 수 있다.

경쟁대열에 선 사람들은 대개 실수할까 봐 두려워한다. 나 또한 그랬다. 실수와 실패를 금기목록에 새겨놓고 살았다. 실수할 것들은 아예 쳐다볼 생각도 안 했다.

그렇다고 실수와 실패가 없었을까? 그럴 리가. 산다는 게, 예상치 못한 실수와 실패의 연속인 걸. 그때마다 상황 탓, 상대 탓. 그래도 안 먹히면 그건 실수와 실패가 아니었다고 현실을 조작하기 시작했다. 같은 실수, 같은 실패를 고통스럽게 반복하는 데는 다 이유가 있었어….

그러나 그 속에서도 별종들이 있다. 그들은 실수를 두려워하지 않거나 두려워하지 않을까 봐 두려워한다. 되도록 빨리 실수하고 더 많이 실패하고 돌아오길 바랄 뿐, 그들에게 실수 혹은 실패란 귀중한 자산이기 때문이다. 그 자산을 디딤돌 삼아 거울삼아 원하는 삶으로 다가갈 수 있다고 여기기 때문이다. 한 번도 해보지 않은 것 혹은 한 번도 해보지 않은 방법으로 한계에 도전하며 성장을 꿈꾸는 사람들이다. 부럽다.

쓸데없이

성공적인 결과보다 과정이 먼저이다 보면

딱히 쓸데 없어도 즐기는 일이 늘어난다.

"공부 빼곤 몽땅 쓰잘머리 없는 짓!"

중3 때 여행 모임 만들었다고 날 혼내시던 선생님은 그렇게 말씀하셨다. 요즘 만나는 선생님이나 학부모 생각은 좀 바뀌었으려나? 동태와 북어 차이쯤일 거다.

그제나 이제나 그분들의 한결같은 마음속 '쓸데' 목록. 'SKY 대학'에 쓸 성적이나 '士' 자 직업을 갖는 데 쓸 스펙이어야 하니 국영수는 쓸 데 있고, 예체능은 쓸데없다. 지식과 정보는 쓸 데 많고, 지혜와 건강은 아직 쓸데없다….

그런 선택 뒤에 '결과-안정-성공'을 지향하는 익숙한 삶. 돌아보니 그런 삶은 그런 삶대로 의미가 있었다.

그런데 나이가 들어서일까. 세상이 달라져서일까. 요즘 내겐 과정, 관계, 성장, 행복이 먼저 눈으로 마음으로 들어선다. 쓸데없다고 여겼던 것들이 쓸데 있게 보이기 시작했다. 성공적인 결과보다 재미있는 과정이 먼저이다 보니, 딱히 쓸데없어도 뭐… 그다지 개의치 않고 즐기는 일이 점점 늘어나고 있다. 또 언제 어떻게 쓰이게 될지 그건 아무도 모를 일이고!

아니 아니

책상 위의 수학은 정답을 묻는다. 5+5=?처럼.

일상 속의 수학은 해답을 묻는다. 이를테면 □+□=10처럼.

원하는 결과(10)를 얻기 위해 문제를 해결할 수 있다면 그게 답이다.

"아니~ 누가 제사상 위에 소주를 올려?"

친구네 아버님 제삿날. 언쟁이 일어났다. 살아생전 즐기셨던 터라 자식들이 특별히 소주를 챙긴 것. 하지만 지방에서 올라오신 큰아버지가 보기엔 그건 제사 예법에 맞지 않았던 거다. 게다가 어디서 소주를 올리면 독종 후손이 생긴다는 제사 괴담을 들으신 모양. 얼른 상에서 돼 물리시더란다.

"토마토엔 설탕! 감자나 소금으로 찍어 먹는 거야."

토마토 접시에 친구가 소금을 뿌리기 시작했다. 다 된 밥에 재 뿌리는 것도 아니고! 두고 볼 수 없어 손사래로 막았다.

뒤늦게 알게 된 사실. 토마토엔 소금 토핑이 오히려 건강한 식습관이라네. '토마토+설탕=맛'을 선택하든 '토마토+소금=건강'을 선택하든 아니 아니 아닌 건 없다.

"아니~ 아니~ 그건 아니지! 아니고말고!"

마음에 OX를 가르는 자동 판정기라도 장착된 걸까? 상대의 말이 다 끝나기도 전에, 난 빛의 속도로 오답처리를 해버린다. 마음에 두고 있는 '정답'과 다르면 더 들어볼 것도 없이 땡! '나는 맞고 너는 틀리다'에 중독된 말버릇. 이 말이 입에서 튀어나올 때마다 내 마음속에서 '나와 다르다'는 '그건 틀리다'로 자동 변환된다.

아무 탈 없이

'무탈'은 어떤 신도 약속하기 어려운 비현실적인 주문.

생-노-병-사. 삶과 죽음 사이에 어디 늙고 병드는 것만 있으랴. 생-탈-노-탈-병-탈-사. 살다 보면 탈 나는 일이 어디 한둘일까.

열일할수록 그럴 가능성이 크다. 조심조심 살아도 나이 들면 오래된 자동차처럼 몸 안팎이 탈! 탈! 탈! 거리기 시작하는 걸.

아무쪼록 별 탈 없이 지내길 간절히 바라지만 '무탈'은 어떤 신도 약속하기 어려운 비현실적인 주문이다.

별 탈이 없어야 한다는 마음은 그래서 불행해지기 쉽다. 해보고 싶은 것보다 해서는 안 될 것에 더 마음을 쓰게 된다.

그러다 행여 별 탈이라도 나면? 자다가도 벌떡벌떡 '왜 내게 이런 시련이!' 당하는 마음이 10배는 더 힘들어진다. 작은 역경에도 절망하고 한순간에 공황 상태에 빠진다. 예상하지 못한 터라 탈을 받아들일 수도 잘 견딜 수도 없다. 다행히 아무 탈 없이 살아간다 해도 그걸 복이라 여기지 않는다. 너무나 당연한 거로 여기기 때문이다. 감사 따윈 없다. 탈이 생기면 억울하고 불행하고, 탈이 없어도 딱히 좋은 것 없는 삶. '무탈'을 삶의 기본값으로 지정해두는 건 그래서 비추다.

아무렇지도 않아

불편한 감정을 들키고 싶지 않을 때 안으로 깊숙이 쌓아두는 말.

변비 걸린 감정들은 언젠가 자기 자신도 감쪽같이 속이게 된다.

미국에 이민 간 한국인이 교통사고를 당했다. "How are you?"라고 묻는 출동경찰에게, 피를 철철 흘리면서도 "I'm fine thank you, and you?" 했다는…

오래된 이 유머가 진담처럼 오갈 때가 있었다. 분명 화가 났는데, 섭섭한데, 실망했는데, 아픈데, 아무렇지도 않다는 그 말. 누가 봐도 안 괜찮은데 괜찮다는 그 말. '아임파인 생큐 앤유.'

왜 나는 그렇게 말하고 있는 걸까? 자존심 때문에? 상대가 마음 상할까 봐? 후환이 두려워서? 애써 스스로를 다독이느라 안 괜찮은 상황에도 눈감는다. 안 괜찮은 기분을 견딘다.

하지만 몸의 내부자 고발이 이어진다. '나, 아무렇지도 않은 게 아니야.' 입은 아무렇지 않다고 말하는데, 왼쪽 손가락 끝이 파르르 떨린다. 손은 더없이 상냥하게 갑질 손님을 접대하는데, 등은 잔뜩 굳는다. 눈으론 웃는데, 여기저기 불긋불긋 온몸에 두드러기가 돋는다. 끝없이 이어지는 몸의 청원들…

그래도 제대로 듣지 못한다. 마음을 알아차리고 몸을 알아차리는 데 둔감해진 탓이다. 그러다 보면 말처럼 맘도 몸도 정말 아무렇지도 않게 느껴질 때가 있다. 그래서 다행인 걸까? 아니, 둔감은 무감의 불길한 예고편이다.

아프지 말고

생-로-병-사는 인생의 한 패키지.

무병장수는 비현실적인 주문이다.

아이들은 한번 앓고 날 때마다 쑥쑥 자란다고 한다. 아이들뿐만이 아닌 것 같다. 한번 앓게 될 때마다 비로소 몸을 알게 되는 느낌이다.

그렇게 보자니 병은 내 몸과 나누는 깊은 대화다. 지금 내 몸이 어떤 상태인지 알려주는 계기판이다. 내 몸 밖의 말이 아니라 내 몸 안의 말. '병에 걸린다'고 생각했는데 '병이 나는 것'이었어.

오랫동안 나는 병을 천하에 나쁜 것이라고만 여겨왔다. 팔순 노모에게 물려받은 유전자의 영향일까? 나의 어머니는 오래전부터 매일 새벽 부엌 옹색한 싱크대 옆에 정화수를 떠 올리신다. 눈을 감고 손을 모은 채 기도를 드린다. 낮지만 간절하고 절절하게! 부디 우리 가족 모두 아프지 않게 해달라고.

그 기도 덕분이라 믿는다. 지금까지 다들 크게 아프지 않았던 건. 그것만으로도 감사할 일이다. 그러나 이제 초로에 접어든 자식들. '병'이 일상이 될 확률이 높아졌다. 아직 장수 여부는 모르겠지만 무병은 이미 물 건너가기 시작했다. 그래도 여전히 내 안에서 들려오는 목소리.

'아프지 말아야 한다. 병은 벌이다.'

그 탓에 병이 났을 때 제대로 앓는 지혜 대신 자책과 원망이 나를 괴롭힌다.

안됐어

멀리서 위에서 내려다보는 시선은 불쾌하고 고약하다.

진정한 연민이란 나와 다를 바 없는 존재 곁에서

공감하고 연대를 느끼는 것.

그 : 제가 꿈꾸는 삶, 이번 생에선 포기해야 할 것 같아요.

나 : 무슨 소리야! 이제 겨우 서른인데… 세상도 곧 달라지겠지!

그는 남자의 몸을 갖고 태어난 여자다. 평소 늘 쾌활하던 그의 속내는 뜻밖이었다. 지금까지 그가 어떤 시간을 보내왔는지 조금은 느낄 수 있었다. 세상이 곧 달라질 거라고 그를 다독였지만, 마음속으론 글쎄… 나도 모르게 '안됐다'는 말이 입 밖으로 새어 나올 뻔했다.

어려운 처지에 놓인 누군가를 보면 딱하게 여기는 감정이 절로 인다. 그런데 나는 무슨 근거로 남의 처지를 두고 '됐네', '안됐네' 판단하는 걸까?

행여 '난 됐는데 넌 참 안됐다'는 마음? 그렇다면 그건 오만한 동정, 불편한 연민이다. 위로는커녕 쓰린 상처에 소금 뿌리는 말이다. 돌이켜보니 그렇다.

남들이 말하는 '안된' 처지에 놓였을 때, 난 어떻게 견딜 수 있었지? 음, 곁에서 보여준 '나 또한 그랬고 그럴 수 있다'는 공감과 연대의 마음. 어떤 말도 필요 없었다. 그런 맘이 다치고 지친 맘을 다독이고 일으켜 세운다.

안전하게

지나치게 안전을 추구하다 보니 재미도 없고

예상치 못한 위험에 대처할 능력도 면역력도 꽝!

'안전한 놀이터는 오히려 위험하다!'

유럽 출신의 놀이터 디자이너는 그렇게 주장한다.

위험한 것들이 곳곳에 도사리고 있는 세상. 어릴 때부터 조금씩 다쳐봐야 크게 안 다치게 된다는 거였다. 게다가 좀 놀아본 사람은 안다. 안전한 건 재미가 없다는 것을. 재미없는 것만큼 놀이터로서 위험한 요소가 또 있을까. 우리의 삶도 아이들의 놀이터와 다르지 않다.

2016년 봄. 그 참담한 시간을 더 참담하게 만든 말을 다시 생각한다. "안에 가만있어라." 그토록 밖이 무서운 어른들은 정작 '설마'를 앞세우며 안전수칙을 어기기 일쑤였으니!

머릿속엔 안전제일주의로 가득하고 일상에선 안전불감증에 걸린 어른들의 사회. 이곳의 아이들은 지금 무엇을 어떻게 배우고 있을까. 두렵고 면목 없다.

애쩌- 열심히

나 아닌 것이 되려고 애쓰며 열심히 산다는 건 무겁고 버겁다.

자연스럽지도 자유롭지도 건강하지도 않다.

"가끔은 그런 생각이 들어. 살아보려 애쓰느라 진짜 제대로 살 시간이 없는 것 같다는…"

영화 〈달라스 바이어스 클럽〉에 나오는 대사다. '애쓰느라…' 그 말이 맘에 걸렸다. 우리 부모님 세대 모습이 겹쳐졌기 때문일까. 평생 근면 성실을 미덕으로 여기고 살아온 분들. 누가 시키지 않아도 아무도 지켜보지 않아도 무슨 일이든 열심이셨다. 그러느라 진짜 제대로 살 시간이 없었노라 하신다. 후회할 짬도 없을 만큼.

그분들의 자식인 우리는 아니 적어도 나는 좀 다르게 살아가고 있을까? 열심히 사는 이유나 열심히 사는 방식은 그럴지도. 하지만 애쓰는 거로 치면 부모님 세대를 넘어선 듯 보인다. 잘난 사람이 되려고, 착한 사람으로 보이려고, 사랑받는 존재가 되려고. 아니면 적어도 그러려고 노력은 했었노라고 알리바이라도 만들기 위해 열심히! 열심히!

'지금 이대로 나는 아니야', '있는 그대로 나로는 부족해'

그런 생각이 들수록 더 열심히! 열심히… 진짜 제대로 산다는 건 내가 나로 산다는 것인 줄도 모르고.

영어 'effortful'을 사전에서 찾아본다. '애쓰는', '노력이 필요한' 뒤에 적혀 있는 건 '억지로 꾸민', '부자연스러운', '의도적인'. 이럴 땐 사전이 철학책 같다.

어려워서

나의 말 속에서 '힘들다'가 인정이라면

'어렵다'는 변명일 때가 많다.

변화를 선택할 때 난 '하겠다'고 말하고, 포기를 선택할 때 난 '어렵다'고 말한다. 혹은 포기할 수도 있다는 사전 포고용으로 활용하기도 한다.

"네 말은 참 어렵다."라는 나의 이 말은 그러니까 네 말을 이해하는 걸 포기하고 싶다는 마음의 완곡한 표현이다.

"그건 어려워." 얼핏 객관적 판단처럼 들리는 그 말 역시 마찬가지. 끝까지 해볼 자신이 없다는 말이다.

"하지 않겠어.", "안 하고 싶어." 그렇게 말하면 될 것을 굳이 '어렵다' 혹은 '쉽지 않다'고 말하는 건?

포기는 내가 하지만 그 원인과 책임은 내게 있지 않다는 걸 좀 알아달라는 바람이거나 알아야 한다는 생각 때문이리라.

어쨌든

상대가 받는 고통을 아무것도 아닌 걸로 만들어버리는

'되돌리기 undo' 키 같은 말.

'아무것도 아닌 일로 만들기'

'다른 거로 퉁치기' 혹은 '말 돌리기'

내가 기대하는 '어쨌든'의 효과다. 상황에 따라 '그나마', '최소한', '적어도'로 바꿔 쓰기도 한다. 그런데 이 말이 대화 중에 공감을 가로막는 말이라고? 브레네 브라운Dr. Brene Brown 박사의 주장이다.

A : 나… 이혼했어 ㅠㅠ

B : 야, 어쨌든 넌 결혼이라도 해봤으니 이혼도 하는 거지.

　 난 이 나이 되도록 한 번도…. 엉엉엉 ㅠㅠㅠ

위로랍시고 한 말이었겠지. 그러나 상대에게도 과연 위로가 되었을까? 상대가 고통받는 상황을 아무것도 아닌 일로 만들어버리는 '되돌리기undo' 키 같은 말.

'어쨌든' 혹은 '적어도at least'는 그런 말이었구나.

어쩌다

"어쩌다 보니 일이 그렇게 되어버렸네.

마치 자기는 아무 관련이 없다는 듯.

거기서 자기가 책임질 일은 하나도 없다는 듯."[9]

젊은 층에도 제법 인기 있는 '어른'이 있다. 〈어쩌다 어른〉. 4~50대 남녀를 대상으로 하는 TV 프로그램이다. 그런데 '어쩌다 어른'이라니! 자기도 모르는 사이에 자기 의지와 상관없이 '뜻밖에' '우연히' 어른이 되어버렸다는 얘기겠다.

하지만 설마 우리가 자신도 모르는 사이에 우연히 어른이 되었을려고? 째깍째깍 24시간이 지나면 새날이 오고, 그렇게 365번이 지나면 새해가 온다는 걸 모를 리 없다. 그렇게 한 해 두 해… 어느새 '어른'이 된다. '자기 일에 책임질 수 있는 사람'이 되는 것이다. 그런데 현실은… 어쩌다 어른?

자기 일에 책임질 수 있는 사람이기보다는 책임져야 하는 사람이기에 어른이 된다는 것은 버겁다. 책임지는 능력이 나이 든다고 저절로 생기는 것도 아니다. 그럴 때 누군가가 나를 '어쩌다 어른'으로 불러주다니! 고맙고 반가웠다. '너의 의지와 상관없이 어른이 된 거잖아. 그러니 책임지라고 부담스럽게 요구하지 않을게. 책임 안 진다고 억울하게 탓하지도 않을게.' 꼭 그렇게 말하는 것만 같았다.

그러다가 퍼뜩. 나의 일을 내가 원하는 결과로 이어지게 할 책임, 나의 삶을 내가 원하는 방향으로 이끌어갈 책임. 그 책임을 내가 지지 않으면 누가?

'어쩌다'에 빼앗긴 마음에게 다시 묻는다.

어쩔 수 없이

원했던 것이든 원하지 않았던 것이든

그건 나의 선택이고 나의 현실이라는 걸 잊게 만드는

책임의 아웃소싱(feat. 피해자 희생자 코스프레)

어쩔 수 없이 맛없는 짜장면을 먹었고, 어쩔 수 없이 내키지 않는 일을 했고, 어쩔 수 없이 사랑하는 사람과 헤어졌다. 그때는 다른 선택의 여지가 없었다… 고 생각했다. 어쩔 수 없게 만든 상황이 억울했고 상대가 야속했다. 혹은 어쩔 수 없이 한 선택이 영 마음에 차지 않았다. '어쩔 수 없이'라는 다섯 글자로 전하고 싶었던 것은 그런 마음이 다가 아니다. 정작 하고 싶은 말은 따로 있었다.

"엄밀히 말하자면… 그건 나의 선택이 아니었다고!"

'어쩔 수 없이'에 중독되는 것은 탁월한(?) 위장 효과와 면피 효과 때문이다. 내가 선택했지만 나의 욕망도, 나의 선택도 아니라고 말해주니까. 그러니 그 책임을 내가 지지 않아도 된다고 속삭인다. 뭐랄까 나 아닌 상황 탓 상대 탓으로 돌리는 '책임의 아웃소싱?'

책임을 자주 아웃소싱하다 보면 효과의 유무는 둘째 치고 치러야 할 대가가 있다. 무력감.

나도 어떻게 할 수 없는 나의 삶이라니! '어쩔 수 없이'라는 말을 쓸 때마다 나는 이렇게 말하고 있었던 거다.

"나는 내 삶의 주인이 아니야!"

어차피

그 구멍 틈으로 프스스스~ 빠져나가는 건

살아있다는 느낌, 바로 생기다.

희망대로 실현될 가능성이 적은 상황에서 냉소 반 두려움 반, 자의 반 타의 반 단념했다는 고백이다. 실패와 좌절의 괴로움을 미연에 방지하려는 선수 치기. '어차피'는 그런 말이다.

혼자서는 왠지 불안해 공범을 물색하기도 한다. 기어이 끝을 보려는 이들에게 고하노니

"(네 의지나 노력과 상관없이) 어차피 답은 정해져 있거든."

행여 딴생각일랑 말라는 물귀신 작전이다.

그런데, 정말 싹둑 단념하고 체념한 거 맞나? 난, 아니다. '어차피'라고 <u>스스로</u> 주문을 걸면서도 <u>스스로도</u> 깜빡 속을 만큼 감쪽같이 숨겨놓는 게 있다. '혹시나' 하는 마음. 절망과 희망과 책망의 악순환이다.

언젠가

언제가 될지 모르지만 아무튼 '지금'은 아니라는 '언젠가'.

약속, 욕망, 그리고 행복의 무기한 집행유예를 선언하다.

'언젠가Someday'. 그 말에 가슴 설렐 때가 있었다. 내가 원하는 나, 내가 꿈꾸는 삶이 그 뒤에 등장하기 때문이다.

여전히 '언젠가'를 입버릇처럼 말하며 나이 들어간다. 이젠 '조만간'이라고 말할 때도 되었건만.

대신 '언젠가'가 이끄는 그 찬란한 문장 뒤에 안 보이던 꼬리말이 붙어다니기 시작했다. '과연?' 아니면 '설마!'

자신도 믿지 못할 말이 된 것이다. 하긴, 아무리 달력을 들쳐 봐도 'Someday'는 없다.

그런데도 '언젠가' 이 말을 차마 버리질 못하고 있다. 왜일까? 그놈의 완벽주의 때문이다. 지금은 그 계획을 실행할 완벽한 때가 아니라서…. 아직은 그 꿈을 이룰 완벽한 때가 아니라서…. 지금 하지 않는 것들에 대한 변명치고는 꽤 완벽해 보여서다.

만유인력만큼이나 일상에 편재하는 말 '언젠가'

이 말은 병이다. 죽을 때까지 꿈만 꾸게 만드는 지병[10]

역시

칭찬은… 과거 성과를 평가하고 미래 기대를 밀어넣기.

격려란… 현재 과정을 인정하고 미래 가능성을 밀어주기.

밖에서 자랑스러운 성과를 거두고 돌아올 때마다 양손으로 엄지 척! 응원해주는 목소리들이 들린다.

"역시 내 딸!", "역시 내 친구!", "역시 우리 선생님!"

이럴 때 **역시!**는 **역쉬!**로 발음해줘야 제맛이 산다. 다디단 칭찬이다. 몸치 고래도 춤추게 할 만큼!

'역시'의 단맛에 취해 쓸쓸한 뒷맛을 미처 몰랐다. 이번에도 확실하게 기대에 부응해주었다는 성적표. 거기에 슬쩍 끼워두는 기대는 '다음에도 이번처럼!'

인정받았다는 뿌듯함은 잠시. 긴장감과 압박감이 밀려온다. 행여 그 기대에 부응하지 못하게 될까 봐. 자랑스럽지 않으면 딸 자격, 친구 자격, 선생님 자격도 없다고 할까 봐.

"욕보다는 칭찬이 더 무서운 법이죠. 칭찬은 기대치를 높이니 무서운데, 욕은 그냥 지나가는 거예요."

배우 정우성의 말이다. 예사롭게 들리지 않는다.

오직

오직 하나에 매달리는 한, 맛보지 못할 현실은

다양한 대안의 가능성!

지휘하는 첼리스트 장한나가 비발디 앨범을 내고 인터뷰를 했다. 똑같은 작품을 300곡이나 썼다고 스트라빈스키가 혹평한 비발디. 그녀의 생각은 달랐다. 익숙한 비발디 악보를 낯설게 바라보며 탐험을 하다 보니 미처 몰랐던 매력들이 보이더라는 거다. 마치 정답 같은 비발디 노선 말고, 한 번도 가보지 않은 뒷길 옆길 샛길을 누비며 제멋대로 마을을 탐색하는 도보여행자의 시선. 맞다. 그럴 때 비로소 만나는 새로운 풍경들이 있는데…. 오래도록 기억에 남았던 인터뷰다.

다른 것, 다른 사람, 다른 길은 생각할 수 없게 만드는 오직 하나! 시험에선 '정답'이고, 기획에선 '플랜A'이고, 사랑에선 '일편단심'이다. 좌고우면하지 않고 오직 하나를 향한 나의 직진 본능. 이미 갈 길이 정해져 있다고 생각하면, 다른 가능성을 두리번댈 리 없다. 길 헤맨 적 없었다는 게 내심 뿌듯하다. 지금까지는 제법 잘 먹혔다.

그런데 이걸 어쩌나! 시대가 복잡하고 모호해졌다. 단 하나의 정답보다는 다양한 해답으로 헤쳐나가야 할 판이다. 딱 하나뿐인 플랜 A? 모든 게 불확실한 마당에 위험부담이 너무 크다. 예측할 수 없고 통제할 수 없을 때 필요한 건, 일어날 수 있는 다양한 현실에 대처할 다양한 대안들. 플랜 B, 플랜 C가 지혜다.

완벽하게

현실 속의 자신을 있는 그대로 받아들이는 '자유'는 거기 없다.

현실 속의 상대를 있는 그대로 받아들이는 '평화'도 거기 없다.

자신을 가장 잔인하게 학대할 방법을 찾는다면 단연, 완벽주의를 추천한다. 완벽할 수 없는, 그래서 완벽하지 않은 현실 속의 나를 혐오하고 비난하고 인정할 수 없게 만들기 때문이다. 살아있는 내내 그런 자신으로부터 도망칠 수 없을 테니 이보다 더 잔인한 자기학대 게임이 있을까?

상대를 가장 효과적으로 통제할 방법을 찾는다면 역시, 완벽주의를 추천한다. 24시간 지켜보지 않아도 일일이 지시하지 않아도 스스로 알아서 100% 임무 수행하려 들 테니까. 200%가 아닌 것을 자책하면서 죽어라 애쓸 테니까. 그래도 지켜보는 완벽주의 상사 눈엔 턱없이 부족하겠지만.

오래도록 완벽주의자로 살아보니 그런 줄 이제 알겠다.

왕년에

지갑 속에 넣고 다니는 오래 전 명함처럼

지금을 인정할 수 없는 이들의 서글픈 향수.

러시아 여행길에서 만난 중국 노부부. 일흔 후반쯤 되셨을까. 서로를 돌보는 두 분 사이가 그렇게 아름다워 보일 수 없었다.

할아버지와 이야기를 나눌 기회가 생겼다. 국제대학원에 강의하러 중국을 오간다는 내 이야기에, 주섬주섬 안주머니를 뒤져 지갑을 꺼내셨다. 그 속에 고이 넣어둔 빛바랜 명함 하나. 할아버지는 왕년에 대학교수셨단다. 그런데 그 오래된 명함을 왜?

작은아버지가 떠올랐다. 틈만 나면 "내가 왕년에…"를 노래하다 돌아가셨다. 한때 수재 소리 들었던 시절이 있었다. 수완 좋다고 인정받던 시절도 있었고. 그에 비해 당신의 지금 여기는 너무 누추해서 도저히 인정할 수 없었던 걸까? 언젠가부터 작은아버지의 시선과 시간은 화려했던 그 시절에 고정되어 있었다.

OST처럼 흘렀던 "이래 봬도 내가 왕년에…" 그 '이래 봬도'가 정확히 어떻게 보인다는 건지 여쭤본 적은 없다. 다만 짐작건대 자신을 '이래' 보는 뭇시선이 영 못마땅하셨나 보다. 그런데 문득 드는 생각. 당신을 '이래' 보았던 것은 어쩌면 그 누구도 아닌 당신 자신은 아니었을까.

우리는

세상엔 두 가지 종류의 '우리'가 있다.

나 그리고 나와 같은 너가 만드는 '우리'

나 그리고 나와 다른 너가 만드는 '우리'

세상은 이제 'Me-to-We 시대'!

'나'보다 '우리'라고? 우리는 진즉부터 '나'보다 '우리'로 살아온 민족이었다. 울타리의 '울'에서 나왔다는 우리. 우리는 그렇게 한 울타리 안에 모여 살면서, 나의 엄마도 우리 엄마로, 나의 집도 우리 집으로 불러왔다. 나의 마누라도 우리 마누라라고 할 정도면 말 다 했지. 그 사실에 왠지 모를 자부심까지 느끼는 우리다.

그런데 '나 그리고 나와 다른 너가 만드는 우리'라… 그건 남인데? 뭔가 좀 낯설고 불편하다. 우리에게 우리는 나 그리고 나와 같은 너, 혹은 나와 닮은 너. 그러니까 나1, 나2, 나3…의 집합체라고나 할까? 나와 같거나 나와 닮은 너만 울타리 안으로 들이는 게 '우리' 사회다.

나와 다른 남은 얼씬도 못 할 지경이다.
그래도 우리… '우리' 맞나?

원래

따지지 말고 받아들이라는 경고,

혹은 유효기간 지난 믿음에 대한 미련.

누구나 당연하다고 여기는 것에 '왜요?'라고 묻는 이들이 있다. 어린아이거나 어린아이 같은 마음을 잃지 않은 어른들. 그 질문에 딱히 대답할 말을 찾지 못할 때 '원래'는 익숙한 구원투수다.

"그래야만 하는 이유는 말이지… 그게 원래 그래야만 하는 것이기 때문이지."

남들은 다 바꾸려 들면서 정작 자신은 요만큼도 바꿀 맘이 없을 때도 '원래'가 등판한다. 이번엔 바리케이드 용도.

"당신은 그러면 안 되지! 나? 나야 원래 이렇게 생겨먹은 사람이고!"

꼬리는 내리겠지만 미련만은 못 버리겠다는 '원래'도 있다.

"여자는 원래 치마를 입어야 하는데…", "한국 사람은 원래 김치를 먹어야 하는데…", "김치는 원래 새우젓갈로 담가야 하는데…", "그 나이면 원래 애 둘쯤은 있어야 하는데…"

그 마음을, 그 믿음을 포기할 의사 또한 없다는 불굴의 의지와 미련. '원래' 속에 담겨 고스란히 전해진다.

위해서

'도울 수 있다'와 '도와야 한다'를 같은 말인 줄 알았다.

고귀한 나의 의도에 취해 상대 의사도 나의 영향도 살피지 않았다.

물 없는 마을을 위해서 아프리카 전역에 우물을 만들어준 사람들이 있다. 동네 아이들이 돌리며 놀다 보면 물탱크에 지하수가 담기는 '플레이 펌프'.

영상을 본 부시, 클린턴, 세계은행… 세계로부터 극찬과 기금이 쏟아졌다. 이에 감동한 영국 기자가 현장을 찾았다. 아이들은 없었고 펌프는 녹슨 흉물로 변해 있었다.

마을주민과 아이들에게 물었다. 동네 사람들이 물을 마시려면 아이들이 학교도 안 가고 온종일 펌프를 돌려야 한다는 거다. 게다가 대부분의 아이들은 영양실조 상태. 펌프를 돌릴 힘이 없었다. 그건 지루한 중노동일 뿐, 놀이가 아니었다는 현장 증언이 이어졌다.

질문할 줄 모르는 '위해서'는 위험하다. 다만 해주고 싶은 걸 한다. 손발이 불편한 이에게 묻지 않고 우산을 씌워준다. 그를 위해서. 노인들에게 묻지 않고 팔을 걸어 부축한다. 그를 위해서. 식수로 고통받는 이들에게 묻지 않고 '획기적인' 우물을 선물한다. 그들을 위해서. 위한다는 의도에 취해 정작 상대방의 의사는 묻지도 않을 때가 많다.

이건 아니지

질문1. 나의 삶에서 가장 중요한 때는 언제인가?

질문2. 나의 삶에서 가장 중요한 사람은 누구인가?

질문3. 나의 삶에서 가장 중요한 일은 무엇인가?

톨스토이가 던지는 세 가지 질문이다. 그의 대답은 한 마디로 "This is it!"

지금 이 순간, 지금 만나고 있는 이 사람, 지금 하는 이 일이 가장 중요하다는 거다.

그러나 내 안에서 들려오는 소리는 전혀 딴판. 기대와 기준에 매달리다 보면 부당하고 부족한 게 현실이다. '이런 일이 내 일이라니!', '이런 사람이 내 파트너라니!', '이런 상황이 내 현실이라니!' 세차게 도리질할 때가 많다. 지금 아닌 언젠가, 이 사람 아닌 누군가, 이 일 아닌 무언가, 여기 아닌 어딘가에 온통 마음을 빼앗긴 채.

갑자기 비가 오면? 하늘에 대고 몽니 부릴 생각일랑 접고 처마 밑을 찾아 비를 피하든가 우산부터 펼치는 게 지혜다. 눈 앞에 펼쳐진 현실도 마치 날씨처럼 생각할 순 없을까.

이게 뭐라고

지금 내 앞의 '이것' 쯤이야 사실 내겐 별거 아니라는 말투다.

"놀자고 한 건데, 죽자고 덤비네! 이게 뭐라고?"

"휴~~~ 이게 뭐라고, 긴장되는 거지?"

요즘 말로 '츤데레 간지' 때문인지 TV에 나오는 이들마다 '이게 뭐라고'를 입에 올린다. 아무리 봐도 어쭙잖은데 나의 반응이, 너의 반응이 너무 유난스럽다는 거겠다.

눈앞의 '이것'을 낮잡아 보고 함부로 대하는 듯 느껴지는 이 말. 상대적으로 자신을 대단하게 보이게 해주리라는 기대라도 있는 걸까?

하긴, 나 역시 냉소를 지성의 발로라고 착각하고 살았다. 그러나 이젠 알겠다. 지금 여기 나의 현실을 인정할 수 없어서, 인정하는 게 두려워서 나랑 상관없다는 듯 멀찌감치 거리를 두고 싶었던 거야. 비겁쟁이가 품 안에 감춘 두려움이 내 앞의 '이것'을 함부로 여기게 했던 거야.

탁! 탁! 탁! 죽비 삼아 다시 톨스토이 세 가지 질문(p.216)을 들춰본다.

이치에 맞게

편협한 시선, 굳어진 생각으로 어떻게

넓고 유연한 자연의 이치를 따를 수 있을까?

1.

"한국인들에겐 일상에서조차 머릿속에 매뉴얼이 새겨져 있는 것 같아. 이럴 땐 이렇게 말하고 저럴 땐 저렇게 행동해야 한다는 매뉴얼 말이야."

언젠가 영국인 친구가 한 말이다. 듣고 보니 끄덕끄덕. 왜 그런 거지, 우리? 이럴 땐 이렇게 말하는 게 이치에 맞고 저럴 땐 저렇게 행동하는 게 이치에 맞다고 여기기 때문 아닐까. '정당하고 도리에 맞는 원리'에 이르는 데 한 치의 어긋남이 없도록 하는 생각의 매뉴얼, 행동의 매뉴얼. 다른 이름으로 저장한다면 '이치 목록'이다.

2.

태어나자마자 한 살로 쳐주는 게 이치에 맞다고 여기면 태어나 1년이 지나야 비로소 한 살이라는 주장은 납득 불가다.

"영국에선 2층을 1층이라고 부릅니다. 왜 그럴까요?"

"1층이 1층이지, 어떻게 2층이 1층이야? 이치에 맞는 소리를 해야지 원!"

관점 워크숍에선 종종 일어나는 이의 제기. 좋은 징조다. 오래도록 지녀온 고정관념이 건드려졌다는 거니까. 익숙한 매뉴얼을 다시 들여다볼 계기가 생겼다는 거니까.

-잖아요

이의 따위 사전 봉쇄하는 말랑한 '말못verbal nail'이거나

그렇다고 확신하고 있으니 그런 줄만 알라는 일방통보,

혹은 이 정도는 누구나 당연히 알고 있어야 한다는 경고.

"집마다 포르셰 한 대씩은 다 있잖아요?"

"1인분에 50만 원 이하는 레스토랑 아니잖아요? 분식집이지."

한때 인기를 끌었던 TV 개그다. 저 말의 웃음 코드는? 얼토당토않은 태연자약 작렬하는 허세. 반어법으로 전하는 블랙유머다.

"그 배우, 정말 믿고 보는 배우잖아요?"

(그 배우 난 금시초문인데)

"그 영화, 보고 나면 후속작이 기대되잖아요?"

(그 영화 난 그렇게 생각하지 않는데)

유독 말끝마다 "~잖아요?"를 붙이는 후배가 있다. 눈치 없이 "아, 그런 거야?" 되물었다간 핀잔듣기 딱이다. 야멸차게 '내 생각은 그렇지-않-아-!' 대거리를 하는 것도 좀….

맘에 걸린 그 말투, 드디어 물어볼 기회가 생겼다. 왜 그러는 거니?

후배의 자문자답. "제가요? 글쎄요, 난 왜 그렇게 말하는 걸까요? 아마도 상대가 동의해주었으면 하는 기대? 그런 기대 다 있잖아요?"

-적 -적 -적

"거 참 인간적이네!"

이 말은 칭찬인가 비난인가, 아니면 객관적 평가인가?

일본식 표현이니 되도록 쓰지 말자는 '-적'. 신경 써야지 싶다가도 무심결에 '-적'을 붙여대기 일쑤다. 앞에 붙은 명사를 통해 주절주절 길게 전하고 싶은 바를 그 한 글자로 압축시킬 수 있다고 믿기라도 하듯.

'-적'이 붙으면 그 성질이나 특성을 지녔다는 거다. 그럼 '인간적'이란 말은 무슨 의미지? 따뜻하다는 건가? 감정적이라는 건가? 완벽하지 않다는 건가?

내가 보는 걸 상대도 보고, 내가 듣는 걸 상대도 듣고, 내가 느끼는 걸 상대도 느끼고, 내가 아는 걸 상대도 느낀다고 오해하고 확신하고 기대하는 통에 소통은 물 건너가기 일쑤다.

내가 쓰는 명사는 내가 생각하는 그 의미일까? 아니다. 상황에 따라 입장에 따라 전혀 다른 뜻이 될 수도 있는 게 명사다. 거기에 미끌미끌한 '-적'까지 붙어버리면? 난이도 급상승. '-적 -적 -적'이 넘치는 대화는 그야말로 소통의 살얼음판이다.

절대로

'반드시'와 함께 '마땅히'를 모시는 슈디즘의 호위무사!

그의 비밀병기는 불안을 두려움으로 키우는 숱한 금기들이다.

아무것도 아닌 것이 없듯이 절대적인 것도 없는 현실. 불안한 마음은 그래서 더욱더 '절대로'에 매달리게 한다. 그럴수록 불안은 오히려 두려움으로 깊어지는 줄도 모르고…

교활한 권력이 이걸 놓칠 리 없다. 통제하고 길들이는 데는 허용보다는 금지가, 희망보다는 두려움이 훨씬 효과적이다. 절대로 선을 넘지 말 것, 절대로 실수하지 말 것, 절대로 이의를 제기하지 말 것. 절대로… 절대로… 절대로…

최면을 걸듯 갖가지 금기로 두려움을 키워댄다.

어느 땐가부터 내 안에서 가장 큰 방을 차지한 것도 두려움이었다. 그도 그럴 것이 나를 키운 것은 8할이 금기였던 것. 어려서부터 '한번 해봐!'보다는 '절대로 안 돼'를 훨씬 더 많이 듣고 자란 나다.

금기의 '절대로'와 부인(否認)의 '절대로'는 일란성 쌍둥이다. 내면화된 금기를 저버리는 자신을 어떻게 순순히 인정할 수 있겠는가. '난 절대로 거짓말을 하지 않아', '난 절대로 화를 내지 않아', '난 절대로 욕을 하지 않아.'

우리끼리 이야긴데, 이때 '절대로'를 액면가 그대로 받아들이면 좀 곤란하다. '그렇게나 자주는 아니'라는 뜻이라고나 할까. 자기기만 상태가 아니라면 말이다.

정상이 아냐

평균이고, 보통이고, 정상이라는 건 아무런 특징이 없다는 거다.

남다른 데가 없다는 말이다. 그런 사람은 세상 어디에도 없다.

1.

미국의 육상선수이자 모델이고 배우인 에이미 멀린스. '정상'적인 사람이라면 다 있을 두 다리가 그녀에게는 없다. 종아리뼈 없이 태어나 한 살 때 무릎 아래를 절단했기 때문이다. 대신 12쌍의 의족을 그때그때 골라 쓴다. 그 덕분에 자신의 키는 그때그때 다르다는 그녀의 자랑이 천연덕스럽다. 그 의족으로 올림픽 트랙을 달리고 런웨이를 걷고 다양한 인물을 연기한다. 하지만 '정상'의 경계 너머 '비정상'으로 분류된다는 게 어떤 심정인지 누구보다 뼈저리게 겪어온 그녀. 에이미 멀린스가 우리에게 묻는다. "인류가 스스로 만들어낸 가장 큰 역경은 '정상'이란 생각 아닐까?"[11]

2.

몇 해 전, 혈압이 정상이 아니라는 판정을 받았다. 번역 작업의 후유증이었다. 더 생각할 것도 없이 약을 먹기 시작했다. 어서 혈압을 정상으로 복귀시켜야만 한다는 조바심에서다. 혈압뿐이 아니다. 정상적인 몸매, 정상적인 직업, 정상적인 사고, 정상적인 결혼, 정상적인 사랑… 심지어 정상적인 체위?

그게 무엇이든 정상은 O, 비정상은 X. 안전 생존지대 '정상'에 강박적으로 매달리게 되는 이유다. 정상에서 벗어난다는 것이 그 자체로 불안하고 두려운 이유다. 정상에서 벗어난 남은 또 어떤가? 어쩐지 불편하고 불쾌하다. 그 기준을 누가 왜 만든 거지? 물어볼 엄두조차 내지 않는다. 도대체 '정상normalcy'이 뭐길래?

노말normal하다는 건 평균이고 보통이고 정상이라는 것. 아무런 고유 특징이 없다는 거다. 남다른 데가 없다는 말이다. 그런 사람은 세상 어디에도 없다. 평균 인간이라니!

아주 오래전 '사랑'이 정상이 아닌 감정, 광기로 여겨진 때가 있었다. 마치 얼마 전까지 '동성애'가 병으로 치부된 것처럼. 지금 우리가 '사람'을 정상인과 비정상인으로 나누는 것도 어쩌면…

> 만일 내 나이 15살에 누군가
> 내 의족을 진짜 다리와 바꾸겠냐고 물었다면,
> 1초도 망설임 없이 그러마 대답했을 것이다.
> 그만큼 정상적인 걸 열망했으니까.
> 하지만 지금 당신이 내게 똑같은 질문을 한다면
> 글쎄다. 아마 다른 대답을 하지 않을까?
>
> – 에이미 멀린스

P. S.

그나저나, 뒤늦게 알게 된 사실. 정상 혈압의 범위가 유럽 다르고 미국 다르고 우리나라 다르다는 거다. 비정상 판정을 받은 내 혈압은 영국에 가면 정상인 거였어?

제대로

꼰대가 되면, 제대로 하지 못하는 상대를 경멸하거나 괘씸해한다.

꼰대를 두면, 제대로 하지 못하는 자신을 수치스러워하고

자책하게 된다.

'낯선 방식으로 일하고 있는 후배에게는 친히 **제대로** 일하는 법을 알려준다.'

한 일간지에 소개된 소위 '꼰대 체크리스트' 11번째 문항이다. '제대로'라…. 그 의미를 사전에서 찾아본다. 대체로 '제 격식이나 규격대로', '마땅하고 알맞은 정도로'라고 적혀 있다. 여전히 모호하다. 누구 기준에서 제대로고, 누구 기준에서 마땅하고, 누구 기준에서 알맞은 건지?

일상에서 '제대로'는 말하는 사람에 따라 기준에 따라 다르다. 꼰대는 자신의 기준이 세상 모두의 기준이어야 한다고 굳게 믿는 사람일 것이다. 그의 방식대로, 그의 생각대로, 그의 기대대로, 그게 꼰대식 '제대로'다.

'난, 뭐 하나 제대로 할 줄 아는 게 하나도 없어….'

중학교 동창인 그 친구는 노래도 기가 막히게 잘했고 요리도 곧 잘했다. '인서울' 대학교에 진학할 정도였으니 공부도 제법 한 편이다. 그런데 왜? 훗날 들어보니, 낮은 자존감의 근원은 그 어머니의 기준과 기대였다. 그 기준과 기대에 턱없이 못 미치는 자신을 인정할 수 없었던 모양이다.

조심했어야지

남에겐 '그랬어야지!'

자신에겐 '그랬어야 했는데….'

책망에 능한 사람은 자책에도 능하다.

수영장 바닥에서 노모가 미끄러지셨다. 그 바람에 다친 허리를 또 다치셨다. 다친 발목 때문에 시작한 수영인데 그야말로 설상가상.

"아… 조심하지 그러셨어요!"

한걸음에 달려온 아들의 첫 마디다. 극심한 고통에 시달리는 노모 모습이 속상했던 거다. 딴에는 공감의 표현이리라. 당신이 아프면 나도 아프다. 다치지 말고 아프지 않도록 조심하라. 그렇게 말하고 싶은 걸 앞말 다 자르고 꽁지만 건넨다. 말주변 머리하고는!

듣고 있는 노모의 표정을 보니 '아차!' 싶었다. 그렇지 않아도 고통스러운 사람한테 책망이라니! 위로치고는 고약하다. 상처에 소금 뿌리는 말이다. 생각해보니 에구구~ 남 이야기할 때가 아니네.

죽어도

'매우'의 강조 용법일 뿐 '죽음'과는 무관한 오만함의 그림자.

주위에 임대아파트가 들어선다는 소문에 '결사반대'라는 현수막을 내건 사람들. 설마 그들이 정말 죽기를 각오했다고 믿는 사람은 없다.

'죽어도', '죽도록', '죽기를 각오하고' …

이 모든 '나의 말'들은 그저 '매우'의 강조 용법일 뿐. '죽음'과는 하등 무관하다. 특히 나의 죽음과는 더더욱. 그렇게 믿기에 함부로 내뱉는다. 설마, 내가?

죽음 그것도 '죽을 만큼 충분히' 늙기 전의 죽음은 결코 나의 것일 리 없다는 오만함이 입방정 떨게 만든 건 아닐까. 갑작스러운 젊은 죽음들을 그리도 많이 지켜봤으면서 말이다.

그 오만함의 그림자, 들여다보니 두려움인 것도 같다. 생-로-병-사. 삶의 마지막 챕터이자 어쩌면 가장 중요한 부분을 알려고도 보려고도 하지 않는 나.
'죽어도'를 입버릇처럼 말하면서도 '죽음'이 금기어라니!

-지다

내가 한 행동이지만 나랑은 무관한 듯 시침 뚝!

내 책임 묻지 말라는 얘기다.

"The mistake was made." (실수가 생겼어.)

영어에 수동태가 있다면, 우리말엔 피동문이 있다. 엄밀히 따지자면 다른 문법이지만 은밀한 효과를 기대한다는 점에선 닮은꼴이다. 상황을 묘사하지만 책임의 소재는 불분명해지는 효과랄까!

"어쩌다가 그런 실수를? 누가 그런 건데?"

좁혀오는 수사망을 피해, 미연에 행동 주체를 지워버린다.

나와 관련된 동사에 '-지다'를 붙여 쓸 때가 그렇다. 그래야만 한다고 생각하는 행동을 하지 못했을 때, 그래서는 안 된다고 생각하는 행동을 했을 때 '-지다'가 등장한다. 예를 들면

부모의 변 : 애들의 의사를 존중해야 하는 건 알지만, 어디 그래지디?

자식의 변 : 혼자 계신 어머님 생각하면, 전화라도 자주 드려야 되는
데… 그게 잘 되질 않네.

자기 행동이다. 그런데도 마치 나와 상관없이 돌아가는 상황 탓인 양 말한다.

쭈욱-

후회와 실수, 실패를 각오하지 않으면 도전은 언감생심이다.

나는 좌파도 아니고 우파도 아니고, 앞파 혹은 윗파! 문득 문득 그런 생각이 든다. 그저 앞으로- 앞으로- 중단 없는 전진뿐! 후퇴를 모르는 사람들처럼 말이다.

　오래전 동료 Y. 그는 내가 아는 사람 가운데 가장 운전을 잘했다. 그의 최고 자랑은 "난 후진 같은 거 안 해!"였다. 엥? 아니 필요하면 하는 거지, 후진 같은 거라니? 그에게 후진은 수치라고 했다. 죽여주는 전진본능! 한번 발을 내디뎠으면 목표를 향해 앞으로 나아가야 한단다. 이런 앞파 혹은 윗파의 강박감이 어디 그만의 것일까.

　끝 모르게 얼키설키 복잡다단하게 굴러가는 세상이다. 돌발변수는 넘치고 모든 경계는 점점 더 모호해지는 지금, 그야말로 삶은 예측불허다. 특히 난생처음 해보는 일이 계획대로 착착 일직선으로 진행되는 건 기대하기 어렵다. 갈팡질팡 길을 잃고, 주춤주춤 스텝이 꼬일 때가 많다. 후퇴와 실수, 실패를 각오하지 않으면, 도전은 언감생심.

착하게

조폭의 팔뚝에 새긴 '차카게 살자' 만큼이나

무의식에 새겨진 '착해야 한다'는 섬뜩하다.

착하지 않은 자신을 용서하지 못하게 만들고

착하지 않은 타인을 경멸하게 만들기 때문이다.

오래전, 이상형을 물어보면 내 대답은 늘 한결같았다. 선하고 유쾌한 지성. 그중에 제일은 선함이라~. 굳이 '선하다'는 말을 쓴 이유? 왠지 '착하다'의 한 수 위 비교급 같아서다. 더 배려하고, 더 순응하고, 더 부응하고, 더 희생하는 착한 사람.

이상형에 대한 기대는 그대로 이상적인 나에 대한 기준이었다. 착한 딸, 착한 친구, 착한 여자, 착한 상사, 착한 선생이 되기 위해 애썼다. 착해야 한다. 옴짝달싹 나를 짓누른 강박은 그대로 주위에 가해지는 무언의 압박. 착하지 않은 걸 경멸했다. 이쯤 되면 착한 사람과 못된 사람, 뭐가 다르지?

도대체 착하다는 게 뭐지? 그나저나 늘 착할 수 있긴 한 걸까? 이 질문이 이상형을 바꿔놨다. 이제는 착한 사람보다 성숙한 사람!

참다못해

그동안 기울인 노력에 대한 뒤늦은 심리적 보상 청구서.

애쓴 걸 몰라준 상대에 대한 배신감에 부르르 내밀게 된다.

"이제껏 묵묵히 따르고 양보하고 참아 줬더니 뭐 어째?

누굴 호구로 아나?"

그러나 어쩌나! 일단 참아달라고 누가 부탁한 것도 아니고. 이번엔 내가 참았으니 담엔 네가 참아달라고 요청한 적도 없고. 귀책 사유가 스스로 작정한 100% 본인에게 있으니 관계를 중재하는 법이 있다면, 소송에서 이길 확률은 0%다.

참는 자에게 복이 있을 것이란 귀한 믿음도 이럴 땐 별 도움이 안 된다. 오히려 억울하고 괘씸한 마음만 부채질할 뿐이다. 그래도 여전히 참고 참고 또 참는 건 왜? 캔디처럼 난 착한 사람이니까. 그래야 하니까.

연관 검색어는, '보자 보자 하니까' 혹은 '듣자 듣자 하니까'

최선을 다해

최고의 성과가 목표라면 최선을 다해야 한다.

최적의 건강이 목표라면 최선은 독이 될 수도!

"이게 최선입니까?" 드라마에서만 나오는 명대사가 아니었다. 한계에 도달했을 때, 채찍처럼 스스로 묻는다는 B. '과연 이게 나의 최선인가?'라는 질문이 마지막까지 안간힘을 다하게 만든단다. 그 덕분일까. 무엇을 하든 발군의 실력을 발휘한다. 부럽다.

하마터면 나 자신을 자책할 뻔했다. 왜 늘 최선을 다하지 않는 거냐고! 하지만 요즘 내가 따르고 싶은 건 따로 있다. 몸과 마음이 건강한 삶. 아무래도 스트레스를 덜 받는 게 그 비결일 터. 그런데 어떤 스트레스를 어디까지 감내해야 하는 거지?

요즘 푹 빠진 '인요가'에 소개된 실험 결과가 한 가지 힌트를 건네준다.[12] 목표가 최고의 성과나 성적을 내는 것이라면, 끝까~지 최선을 다할 것. 그러나 건강이 목표라면 최선을 다하는 게 오히려 독이 될 수도 있다는 거다.

휴유~ 왠지 위로가 되네.

-치고는

칭찬인 줄 당당하게 건네 온 '-치고는'이라는 말.

뒤집어보면 숨겨온 편견과 고정관념의 고백이다.

"여자치곤 상당히 힘이 세군요." 원더우먼이 트레버 대위를 처음 만나서, 대위의 목숨을 구해주고 들은 말이다. 원더우먼이 대답한다. "아뇨, 그냥 힘이 센 거예요."

그러자 대위는 '모욕할 뜻은 없었다'고 사과한다. 원더우먼은 다시 이렇게 말한다. "그렇다고 모욕이 아닌 건 아니죠."[13]

이 기사를 읽고 있자니, 지금까지 내가 들었던 숱한 '치고는'이 떠올랐다. "아이치고는 제법 잘 그리네.", "여자치고는 꽤 잘 달리는 편인데⋯!"

분명 칭찬인데, 어째 듣는 마음이 불편했다. 그 말에 묻어 있는 편견과 고정관념 때문이었다. 아이치고 이 정도로 잘 그리는 사람은 없을 거야. 여자치고 그렇게 잘 달릴 수는 없지. 아이였던 나, 여자인 나는 그래서 듣기 거북했던 거다.

혹시 나도 '치고는'을 빌려 칭찬한답시고 상대를 모욕한 적이 없었을까? 왜 없었겠나.

"나이 든 사람치고는 생각이 열린 편이지.", "서양 남자치고는 키가 좀 작은데?", "중국산치고는 보기 드문 퀄리티야!"

얼떨결에 나의 편견과 고정관념을 고백한 셈이다. 나이 든 분, 키 작은 서양 남자, 중국산 만드신 분들이 그런 내가 품은 말을 들었다면 심정이 어땠을까. 이제야 헤아리려니 끝도 없이 이어져 나오는 사과 명단.

틀림없이

정답의 영광을 누리가보다 오답의 치욕을 피하고 싶을 때가 있다.

'틀리면 안 된다'는 강박은 성취감보단 두려움이 키우는 고통이다.

이베리아반도를 여행 중이었다. 암 투병을 무사히 마친 친구가 동행했다. 운전, 통역, 회계는 내 담당. 회비를 더 각출해야 할 상황이 벌어졌다.

친구는 분명히 냈다는데, 내 기억으론 받은 기억이 없었다. 옥신각신. 아픈 친구랑 실랑이를 벌이는 게 맘에 걸렸다. '그래 받았다 치자.' 거기서 끝냈어야 했다.

그런데 더 맘에 걸리는 건, 틀린 내 기억과 내 셈. '틀릴 리가 없는데, 틀려서는 안 되는데.' 결국 자다가 다시 일어났다. 영수증과 공금 주머니를 뒤지며 점검, 점검, 재점검. 확신이 들었다.

'내 기억이 맞았어. 친구가 안 낸 거 맞아. 틀림없이!'

그럼 됐다. 그제야 맘을 놓고 잠자리에 다시 들었다. 친구에게는 말하지 않았다.

여행을 다녀온 뒤, 그 친구와 또 옥신각신. 이번엔 개량종 수국 때문이었다. 친구는 수국이라 했고 나는 아니라고 했다. 분명 모양도 색도 내가 아는 수국과 다른 꽃이었다.

다음날 친구가 검색 사진과 함께 수국이 맞다고 쐐기를 박는 문자를 보내왔다. 친구 말이 맞았다. 그리고 이어진 친구의 고백. 그때 그 회비, 나중에 보니 자기 옷 주머니에 그대로 있더란다. 그런데 왜 이제야? 그날 밤 내 모습을 보고 있었단다. 맘이 복잡했단다. 아니, 정나미가 떨어지더란다. 그래서 아무 말 안 했다고. 한참의 침묵 뒤에 그 친구가 내게 물었다.

"넌, 틀리는 게 그렇게 무섭니?"

오래전 이야기다. 하지만 그 후로도 한동안 친구의 질문이 맴돌았다. 아니라고 반박하기 어려웠다. 모든 행동 뒤엔 동기가 있는 법. 뭔가를 이루든가, 혹은 뭔가를 피하든가.

내 경우 정답의 영광을 이루기보다 오답의 치욕을 피하고 싶었던 건 아닐까. '맞아야 한다'보다 '틀리면 안 된다'는 생각에 더 깊이 더 자주 휘둘렸던 날들. 그런 내 모습이 지금 생각해도 문득문득 안쓰럽고 아찔하다.

피1치 못해

온 마음이 변명하는 데 가 있는 동안

내 선택의 영향을 살필 여유는 없다.

'피치 못해'. 불가피했다는 말이다. 피할 도리가 없었다는 말이다. 사정상 약속을 못 지킨다는 건데, 이럴 때면 제 발이 저린지 서설이 길어진다. 구구절절 만연체다. 한참을 변명하듯 사정을 말한 뒤에야 못 가게 '되었다'고 미괄식 연설을 마친다. 요약하면, 못 가게 한 건 상황. 못 가게 된 건 나.

봉사활동을 가기로 한 날에도, 함께 김장을 하기로 한 날에도, 모처럼 단풍 구경 가기로 한 날에도… 줄줄이 사탕처럼 이어지는 피치 못할 사정들. 에효.

그 많은 일, 적어진 일손으로 하려니 심란도 하고 소풍 간다고 풍선처럼 부풀었는데, 맥도 좀 풀리고… 나도 그런 적 많으니 할 말은 없다. 돌이켜 생각해보니 피치 못할 내 사정에 힘주느라 남겨진 사람들의 상황이 어떨지, 그 심정이 어떤지 미처 헤아릴 생각은 못 했었네.

필요 없어

도와줄 순 있어도 도움받을 수는 없다는

도덕적 결벽증이 불러오는 정서적 고립감.

"힘들 때 도움을 청할 사람이 있습니까?"

OECD의 '2015 더 나은 삶 지수Better Life Index 2015'를 알아보는 항목 중 하나다. 사회적 지지 관계Social Connections'를 묻는 이 질문에서 우리나라는 36개 조사대상국 중 꼴찌를 기록했다. 어쩌다?

애국가처럼 부르짖던 '우리가 남이가!', '우리는 하나다!'는 다 뭐였던 거지? 정은 다 어디 가고 이 고립감은 또 뭐지? 정수리에 찬물 한 바가지 맞은 기분이다.

짚이는 구석이 있다. 내 마음 저 깊숙한 곳에 자리한 도덕적 결벽증? 난 널 언제든지 도와줄 준비가 되어 있어. 하지만 난 도움 따위 필요 없어! 민폐 끼치고 싶지 않거든!

늘 누군가에게 도움을 주고 싶어 했다. 언제든 기꺼이! 하지만 곰곰 생각해보니 도움을 요청하는 경우는 드물었다. 도와줘! 그 말이 금기어라도 되는 양 한사코 멀리했다.

극지와 오지를 여행하며 내가 배운 것은 상부상조라는 생존의 지혜! 그러나 그 지혜는 내 삶에 적용되지 않았다. 도덕적 결벽증, 도덕적 오만함에 마음을 붙들린 탓이다. 우리 사회의 정서적 고립감? 내 경우는, 자초한 셈이다.

하실게요

내 것은 내 것으로 인정하고, 네 것은 네 것으로 존중하기

이게 익숙지 않으면 엄한 데서 주인 행세를 하게 될 수도 있다.

마치 공인된 극존칭 서비스형 종결어미 같다. 예를 들면

"손님, 저쪽에서 잠시 기다리실게요."

"고객님. 이리로 누우실게요."

시도 때도 없이 갖다 붙이는 존칭 어미 '시'도 시지만, '-ㄹ게요'는 또 어찌된 일인가! 말하는 사람의 의지를 나타내는 말 아닌가. 기다려야 할 사람은 손님인데 왜 자기가? 누워야 할 사람은 고객님인데 왜 자기가?

나름 정중하기 짝이 없는 요청 표현을 고른다고 골랐을 것이다. 들어보니 그럴듯했나 보다. 언젠가부터 여기서도 저기서도 '-하실 게요'다. "맛있는 것 같아요", "기쁜 것 같아요"… 내 감정, 내 감각도 내 것이 아닌 양 말하면서, 왜 남의 의지를 내 의지인 양 말하는 건지! 지하철 광고판에 내걸린 '너는 오고 싶다! ○○대학교' 만큼이나 어색하기 짝이 없다.

하지만

'하지만'이 들리는 순간 귀는 쫑긋! 머릿속은 비상경계 태세!

진짜 진심은 이 말 뒤에 나온다는 걸 잘 알고 있기 때문이다.

'하지만'. 이 말속엔 특별한 힘이 들어 있다. 듣는 순간, 귀를 쫑긋 모으게 된다. 마음은 앞의 말을 까맣게 잊게 된다. 동시에 머릿속에서 갑호비상경계경보 사이렌이 울리기 시작한다. 진심은 '하지만' 뒤에 오는 법! 이제부터가 진짜라고 느끼기 때문이다.

"잘했어! 하지만, 중간 부분 말이야…"
"고맙게 생각하지 물론. 하지만…"

칭찬이 칭찬으로 들리지 않는다. 감사가 감사로 들리지 않는다. '하지만' 덕분이다. 이 말의 힘을 무시하다간 대화는 불쾌하거나 억울하게 끝나기 십상이다.

했어야 했는데

우다, 쿠다, 슈다가 한데 모여 수다가 한창입니다.

우다woulda는 했을지도 모를 일들에 대해,

쿠다coulda는 할 수도 있었던 일들에 대해,

슈다shoulda는 했어야 했던 일들에 대해 -

다들 무슨 할 말이 그리도 많은지!

그때 어디선가 꼬마 '했다did'가 나타납니다.

그를 보자마자

어라! 덩치만 큰 우다, 쿠다, 슈다 모두

도망치듯 숨어버리네요.

생을 마감할 때, 사람들이 내는 소리는? 껄!껄!껄!

이만하면 됐다! 흡족한 마음에 터져 나오는 호탕한 웃음소리가 아니다. 한번 만나보기라도 할 '껄', 그냥 저질러나 볼 '껄', 그때 좀 더 용기를 낼 '껄'….

껄껄껄. 이 뒤늦은 후회에서 마지막 순간의 정직함이 느껴진다. 하지 않은 건 그 누구도 아닌 나라고 말하고 있으니까.

내게 익숙한 후회는 꼬리가 길다. 그 뒤에 세상 탓, 상대 탓이 덧붙여진다.

"이랬어야 했는데, 하필이면 그때 당신이…."

"저랬어야 했는데, 운 나쁘게도 당시 상황이…"

팩트 체크! 상대 때문이든 상황 때문이든 결론은 못 했다는 거다. 그것이 무엇이든, 원했던 것이기에 원했던 삶이기에 놓쳐버린 기회에 대한 실망, 상황과 상대에 대한 원망이 스며있다. '해야 했는데.' 자꾸만 과거로 향하는 부질없는 마음이 자존감을 갉아먹는다. 할 수만 있다면 나도 '내 사전에서 이 말버릇을 빼내 우주선에 실어 달나라로 보내버리고 싶다.'[14]

행복하게

"행복은 마치 범죄와 같아서 좀처럼 인정하는 사람이 드물다."[15]

입버릇처럼 '행복'타령? 어쩌면 '행복 불감증' 아니면 '행복 강박증'

"…그리고 그들은 오래오래 행복하게 살았답니다."

정말? 뭔가 이상적인 '행복'에 강박적으로 매달리는 동안 지극히 평범한 현실을 바라보는 시선은 곱지 않다. 딱히 행복하달 수 없는 날들이 더 많은 그저 그런 날들. 그건 그냥 그런 날들이 아니라 불행한 날들로 다가온다. 거기에 '남만큼', '남보다'가 더해지면 마음은 그야말로 고해. 행복의 열쇠를 남의 주머니에 넣어둔 셈이다.

'지나고 보니, 그때가 참 행복했었는데…'

혼잣말을 할 때가 있다. 그땐 왜 그게 행복이라는 걸 깨닫지 못했을까? 그저 그렇게만 여겨지는 지금 이 순간도 지나고 보면 '참 행복했던 그 순간'으로 기억될까? 지금 깨달은 걸, 그때 느꼈더라면… 과거 혹은 미래에서 등대처럼 빛나는 행복이라니. 현재진행형이 아닌 행복은 공허하다.

행복하게 살아가는 데 더 필요한 말은 어쩌면 '행복'이 아니라 '지금'이 아닐까.

헌신적으로

"자기희생이라는 믿음은 당당하고 뻔뻔하게

타인을 희생시키게 만든다."[16]

"내가 널 어떻게 키웠는데?"

헌신적인 부모 밑에서 자란 우리 세대는 이 대사가 익숙하다. 어려웠던 시절. 자신의 꿈과 욕망을 거세당한 채 가족을 위해 헌신하고 자식을 위해 희생해온 우리 부모님. 기대만큼 자식이 성공하지 못했거나 효도하지 않을 때 보상받지 못한 희생, 배반당한 헌신에 남은 평생 억울함을 토로하신다. 나는 또 그 억울함이 자식이라 미안하고 내 선택이 아니라 억울하다.

〈가족의 심리학〉에 따르면, 지나치게 헌신적인 부모 밑에서 자란 아이들은 대개 그 부모가 겪었던 정서적, 심리적 문제를 겪는다. 부모에게 하듯 지나치게 자기 요구만 내세우거나 부모를 따라 하듯 지나치게 자기를 희생하거나. 어느 쪽도 솔직히 가까이하고 싶지 않은 상대. 그런 희생과 헌신이라면, 더는 하고 싶지도 받고 싶지도 않다.

진짜 헌신은 따로 있다. 결과가 어찌 되든 개의치 않는 헌신! 자기가 소중하게 생각하는 가치에 따라 기꺼이 선택하는 헌신! 저절로 몸과 마음을 다 바치게 되면서도 희생이라 느껴지지 않는 헌신! 좋아하는 일을 할 때, 혹은 하는 일을 좋아할 때처럼 말이다. 그건 상대에게 헌신하는 것이 아니다. 자기 행복에 헌신하는 것이다. 자신을 희생한다는 억울한 마음은 거기 없다.

화내는 게 아니라

참는 게 능사가 아니다. 없는 척 아닌 척 억지로 내려놓다간

나중에 복리 이자까지 붙어 부활하기 십상이다.

"전, 지금까지 화를 내본 적이 없어요!" 글로벌 기업에서 잘 나가는 여성 임원인 그분이 그렇게 말했다. 마치 한 번도 거짓말을 한 적이 없다는 거짓말처럼 들렸다. 무슨 말씀! 화 내는 걸 분명히 봤는데? 그것도 여러 번. 다만 버럭버럭 언성을 높이지 않았을 뿐. 참을성 있게 품위 있게 낮은 목소리로 그러나 분명히 화-냈-다.

분통이 터지다. 속이 부글부글 끓다. 몸이 부들부들 떨린다. 열 받는다. 뚜껑이 열린다. 핏대가 선다. 뒷목이 뻣뻣하다. 적개심을 느낀다.

… 이런 것만 화가 아니다.

섭섭하다. 유감스럽다. 속상하다. 신경질 난다. 억울하다. 원망스럽다.

… 이럴 때도 내 안에 화가 쌓이는 순간이다.

화는 두려움만큼이나 자연스러운 감정이다. 때로는 나를 지키고 나를 표현하는 데 꼭 필요한 감정이기도 하다. 참는 게 능사가 아니다. 없는 척 아닌 척 억지로 내려놓다간 나중엔 복리 이자까지 붙어 부활하기 십상이다. 그것도 엄할 때 엄한 장소에서 엄한 상대에게 엄한 강도로. 그렇게라도 정산하지 못한 화는 결국 몸이 그 대가를 치르게 되기도 한다.

"저는 한 번도 화낸 적이 없습니다. 다만 암을 키우죠."

영화 〈맨하탄〉에서 우디 앨런의 대사다. 그 여성 임원처럼 그리고 나처럼 좀처럼 화를 인정하지 않는 사람들에겐 농담이 아닐 수도 있다. 대개는 자신이 지성인이라 생각하기 때문이다. 자기감정 정도는 잘 통제하고 절제하는 이성적인 존재. 그게 지성인이라 믿기 때문이다.

그래서 화가 나더라도 꾹 참는다. 끝내 참아지지 않으면 욱하긴 했지만 그건 화가 아니라고 부득부득 우긴다. 눈치 없이 "에이, 화내고 있으면서!" 히죽거리는 친구는 그래서 용서가 안 된다.

히히헤헤

웃음 뒤에 감정을 숨긴다면 진짜 감정은 누가 알아주지?

"가끔요, 헤헷", "아니요 히힛", "너무 힘들었어요, 데헷"

독특한 음색으로 노래도 부르고 피아노도 치는 신예 싱어송라이터 J. 눈 밝은 선배 가수가 알아보고 자신의 라디오 프로그램에 고정으로 초대했다. 이런저런 물음에 그녀는 수줍은 듯 짤막짤막 대답했다. 그 내용이 무엇이든 끝은 웹툰 전용 웃음소리로 끝을 맺는다. 처음이라 어색하고 신인이라 긴장해서 그럴 수도 있겠다.

그녀의 마침표 같은 웃음소리에 떠올린 얼굴. 후배 S다. 속상한 이야기, 슬픈 이야기를 하면서도 상대방이 마치 자신을 찍는 사진사이기라도 하듯 버릇처럼 '김치~' 웃는 표정을 지어 보인다. SNS에 적는 거의 모든 메시지마다 마침표를 대신하듯 ^^를 적어 보내는 것도 S다.

나 또한 가끔은 웃음 뒤에 감정을 숨길 때가 있다. 하지만 습관처럼 이런 정서적 방패를 쓰다 보면 나조차 내 감정이 지금 어떤지 헷갈릴 때가 있다. 웃음 뒤에 숨긴 어쩌면 무시당한 진짜 감정은 그럼 누가 알아주지?

힘내

힘든 마음을 일으켜 세워주려고 건넨 '용기 주사'가

벼랑 끝에 선 누군가에겐 등 떠미는 말일 수도 있다니!

시나리오 작가를 꿈꿨던 H. 열 번도 넘게 도전했지만 매번 고배를 마셨다. 그때마다 나는 매번 똑같은 응원가를 불러주었다. "힘내! 다음엔 꼭 될 거야."

그의 마음을 일으켜 세우는 포도당 주사려니 생각했다. 그러나 이번엔 효과가 없어 보였다. 위로조차 안 먹히는 심각한 좌절 상태. 우정 어린 응원가 2절을 마저 불렀다.

"정말 힘들구나, 너! 그럴수록 홧팅!'"

이쯤 되면 지병이다. 강박이다. 뭔가 말해야만 하고 뭔가 해줘야만 한다는 착한 친구들의 강박. 카타야마 쿄이치가 넌지시 일러준다. 그러지 말라고. 그러지 말아줬으면 좋겠다고.

다들 "힘내요"하고 말할 때마다 어찌할 바를 모르게 된다.

"힘내요"라고는 하지만 어떻게 힘을 내야 할지 알 수가 없다.

힘을 낼 방법이 없어 슬퍼하고 있는데…[17]

그럼, 상대가 힘들어하는데 아무것도 하지 말라는 말이에요? 연달아 암 진단을 받은 친구가 대신 답해준다. 그저 곁에서 말없이 함께 있어 주는 것만으로도 충분하다고. 그렇게 나눠준 따뜻한 온기를 쬐다 보면 덜 두렵더라고. 그렇게 전해준 격려의 눈빛이 그 어떤 말보다 더 든든하더라고. 그랬구나… 그렇구나…

슈디즘이
내게 던진
10개의 질문

나는 어쩌다가 '슈디즘'에 빠지게 된 걸까?

feat. 자기학대 게임

오래전부터 내게는 일본 이름 같은 별명이 있다. '우야꼬'. 실수가 잦아도 너무 잦기 때문이다. 주위에선 그런 내게 '구멍'이라는 호를 붙여주었다. 최근엔 한 단계 격상 시켜 '연근'으로 불러주는 친구들도 있다. 그만큼 구멍 숭숭 마이 라이프! 배후엔 대개 숫자가 있다. 이를테면 13시 특강을 3시로 착각하는 경우다. 평소 지각하는 걸 끔찍이 싫어하는 나다. 그날도 기다릴 요량으로 일찌감치 출발했다. 가는 길에 담당자의 전화를 받고서야 알았다. 엄청나게 밟았지만 결국 한 시간이나 지각했다. 또 다른 장면은 7월 30일 5시 30분 공연. 왜 난 그걸 7시 30분으로 기억했던 걸까. 벼르던 뮤지컬이었다. 지방에 사는 친구들까지 올라와 함께 보기로 했다.

그것도 호기롭게 R석에서! 그런데 서울 산다는 이유로 표 끊는 중대 업무를 내가 맡은 게 화근이었다. 다음 이야기는 너무 슬퍼서 생략… 암튼 지금도 숫자와 관련된 나의 실수담은 계속되고 있다.

솔직히 난 이런 실수들을 별로 수치스럽게 여기지 않는다. 마치 심장 수술을 못하는 걸 수치스러워하지 않는 것처럼 말이다. 오히려 자진해서 그런 구멍들을 까발릴 때도 적지 않다. 봐봐, 나 그렇게 빡빡하고 숨 막히는 사람 아니야! 문득 드는 생각. 이거 이거 진짜 구멍을 감추기 위한 알리바이 아녀?

존재의 구멍을 통해 우리는 서로에게 스며들 수 있다는 말. 그 구멍 덕분에 우리는 서로를 공감하고 진정한 우리가 될 수 있다는 말. '진짜 구멍porousness' 앞에선 무색해지기 일쑤다.

진짜 구멍. 그건 아무에게도 들키고 싶지 않은 구멍일 테다. 남들이 알게 되면 그야말로 '개쪽 팔리는' 구멍. 죽고 싶을 만큼 수치스러운 구멍. 그렇게 느껴지는 구멍 말이다.

평소엔 나 아닌 척, 없는 척, 못 본 척. 하지만 그 구멍이 발각된 순간, 온 신경은 그 구멍에 쏠린다. 온 세상이 그 구멍만 바라볼까 봐. 나를 그 구멍으로만 여길까 봐. 이쯤 되면 구멍은 존재의 늪이다. 앞서 자백한 사소한 구멍 따위와는 차원

이 다르다. '내가 한 행동은 실수다'와 '나라는 존재는 실수다'의 차이! 내게 '잘못된 존재' 혹은 '못난 존재'라는 딱지를 붙이고도 남을 그런 구멍이다. 도대체 누가 그런 딱지를 붙인다고? '슈디즘'[18]이라는 재판관이다.

'슈디즘'이란 말은 'should(당위)'와 'ism(-주의)'의 합성어. '프로이트에게 배우고 마침내 프로이트를 넘어선 정신분석학자' 카렌 호나이Karen Honey가 만든 용어다.[19] 그의 동료이자 게슈탈트 학파의 창시자로 알려진 프리츠 펄스Fritz Perls라는 주장도 있다. 독일에서 미국으로 건너와 함께 연구하고 교류했던 사이인 만큼 작업의 경계가 모호했던 걸까. 두 사람의 관점과 작업은 꽤 닮았다. 공통적인 건, 이상적인 당위를 기준으로 현실을 판단하고 단죄하는 '도덕적 초자아'에 주목하고 있다는 점. 지금 여기 있는 그대로의 현실을 인정하지 못해 자신을 못살게 굴고, 상대를 못살게 굴고, 세상을 못살게 만드는 당위의 영향에 주목한다. 슈디즘. 이름은 생소하지만 그 모습은 면면이 너무나 친숙하다.

슈디즘은 반드시… 해야만 하고,
절대로 …해서는 안 된다는 당위에 사로잡힌 믿음이다.

마치 '독/약' 같다. 그 당위의 강도에 따라 성공의 엔진이 되기도 하고 강박의 원인이 되기도 한다. 문제는 강박. 이 경우 특정 부사들의 활약이 두드러진다. 특히 슈디즘의 핵심 용병 삼총사, **마땅히! 반드시! 절대로!** 뱉는 말, 삼킨 말, 품은 말, 믿는 말. 그 어떤 형태로든 '마땅히'는 도리를, '반드시'는 계율을, '절대로'는 금기를 일깨운다.

당위, 도리, 계율, 금기. 웬 호랑이 담배 피우던 시절 이야기냐고? 의외로 여전히 현재진행형이다. 당장 나와 내 주변만 살펴봐도 차고 넘친다. 다만 예전과 차이가 있다면 '마땅히-반드시-절대로' 만큼은 꿀꺽~ 여간해선 뱉지 않는다는 정도랄까. 슈디즘 정체를 단박에 드러내는 핵심 용병들은 대개는 그렇게 암약 중이다. 예를 들면?

불과 몇 해 전 80여 명이 함께 한 프로그램에서 가장 많은 공감을 받았던 당위가 있다, 자식에 대한 당위.

자식은 마땅히 부모에게 효도해야 한다.
자식은 반드시 부모를 봉양해야 한다.
자식은 절대로 부모 뜻을 거스르면 안 된다.

대부분 중년 이상의 참석자들은 자식으로서 부모로서 그렇게 믿고 있었다. 구순을 바라보는 노모를 모시면서 내가 느끼는 당위이기도 하다. 내 경우 지병인 착한 사람 증후군과 시너지를 이루면서 '착한 딸' 슈디즘이 되어버린 느낌이다. 또 다른 사례. 얼마 전 은퇴한 남자 선배에겐 가장에 대한 당위가 읽힌다.

가장은 마땅히 가족을 부양해야 한다.
가장은 반드시 생계를 책임져야만 한다.
가장은 절대로 나약함 무능함을 드러내선 안 된다.

그 선배가 힘들다고 쉬고 싶다고 가족들에게 토로하지 못하는 건 그렇게 믿기 때문이다. 가족이 아닌 가장이니까. 그는 지금 뜬금없는 자격증 시험을 준비 중이다. 언제쯤이면 선배가 가장의 당위에서 은퇴할 수 있을까.

당위의 목록은 시대에 따라 세대에 따라 성별에 따라 달라질 수 있다. 무엇보다 사람마다 사회마다 다를 수 있다. 앞서 말한 효도와 관련된 슈디즘은 유교 문화권 그것도 지금은 중장년 세대에서나 해당될 법하다. 반면 약속이나 가장에 대한 슈디즘은 동서양을 막론하고 시대를 초월한 듯 보인다. 여자 혹은 결혼에 대한 슈디즘은 또 어떤가? 이를테면 페미니즘, 비혼주의, 동성결혼과 같은 예민한 이슈들 앞에서 함부로 드러내지 않는 슈디즘은 또 얼마나 많은지!

지금 시대가 얼마나 바뀌고 사회가 표방하는 가치가 어떻게 달라졌는지를 묻는 게 아니다. 관계에서 중요한 건, 나의 당위이고 일상에서 내가 만나는 상대의 당위이다. 알게 모르게 우리 안에 스며들고 우리 마음에 새겨진 숱한 슈디즘들. 들키는 순간 더 깊숙이 숨어든다.

설마 내 안에도? 인정하는 사람은 드물지만 예외도 드물다는 게 슈디즘이다. 이 음험하고 비밀스런 신앙은 신도들의 마음 저 깊은 곳에 똬리를 틀고 있다. 오직 그것이 내세우는 당위를 기준으로 모든 상황을 해석하고 모든 사람을 판단하게 만든다. 사람마다 사회마다 조금씩 다르지만 깊이 파고들면 공통적으로 발견되는 당위의 지존 TOP 3가 자리하고 있다. 앨버트 박사의 주장이다.[20]

1. 나는 **마땅히/반드시** 남들의 인정을 받을 만큼 잘해내야만 한다. (그렇지 않으면, 나는 쓸모없는 인간일 뿐이다.)

2. 너/그들은 **마땅히/반드시** '올바르게' 행동해야만 한다. (그렇지 않으면 너/그들은 쓸모없는 인간이고 벌을 받아 마땅하다.)

3. 삶은 **마땅히/반드시** 불안/불편 없이 수월해야만 한다. (그렇지 않으면 삶은 불행하고 세상은 억울하다.)

설마 내가 이런 말도 안 되는 생각을? 하고 있었다. 불편하고 불결하고 부당하다고 비난할 때, 그렇다. 불안하고 불행하다고 투덜댈 때. 그렇다. 자기 자신도 상대도 세상도 하나같이 맘에 안 든다고 여겨질 때 그렇다. 마음속에 들인 '당위'들이 나를 괴롭히고 있었다.

**슈디즘은 '이상'이라는 비현실적인 기준에 따라
지금 여기의 '현실'을 판단하고 단죄하는 '태도'다.**

이상향, 즉 유토피아란 말의 뿌리를 캐보면 '그 어디에도 없다'는 뜻이다. 비현실적이란 의미다. 슈디즘은 그처럼 이상적인 기준에 따라 모든 걸 엄혹하고 무자비하게 둘로 나눈다.

정답 : 오답

옳은 것 : 그른 것

좋은 것 : 나쁜 것

우리 : 남

위 : 아래

이렇게 슈디즘이 그은 경계선들이 심장을 가로지르고 일

상을 가로지른다.[21]

이상적인 기준에 부합하는 것들은 O, 그렇지 않은 것은 모두 X다. O라는 판정은 기본적으로 안전한 생존을 의미한다. 나아가 자부심 혹은 자존심의 근거가 된다. X라고 판단되거나 그런 판정을 받게 되면? 차별-비난-배제-무시의 대상이 된다. 남들이 그러기 전에, 스스로 자책감과 수치심에 시달리게 된다. 어떻게든 언제나 항상 O가 되기 위하여 고군분투하게 되는 까닭이다. 그러나 이상적인 기준을 떠올릴수록 자신감은 곤-두-박-질-질-질.

슈디즘은 기어이 완벽한 나, 완벽한 상대,
완벽한 세상을 현실에서 기어이 구현해내려는 시도다.

실현 가능성 따위 안중에도 없다. 아니 그 무엇이든 불가능한 것은 없고 불가능해서도 안 된다! '그래야만 하니까 그래야만 한다'는 당위의 자명한 동어반복. 오직 당위가 내세우는 기준만이 옳고 맞고 좋다. 그 기준으로 기대하고 기억한다. 현실은 그 차이만큼 남루하고 초라하게 여겨지기 마련이다. 현실이 끔찍하고 초라하게 느껴질수록 이상Utopia으로 도피하려는 태도는 점점 더 강해진다.

마치 그 이상적인 나의 모습이 아직 보여주지 못한 나의 진짜 모습이라고 스스로를 위로하면서 말이다. 이쯤 되면 현실의 나를 있는 그대로 공감하는 건 고사하고 그게 나의 현실인 줄도 의식하지 못하게 된다. 슈디즘이 만들어내는 전형적인 악순환이다.

이상적인 기준에 도달해야만 한다는 강박에 몸과 마음은 늘 긴장 모드. 구질구질해서 너무나 끔찍한 현실에서 벗어나지 못할까 봐 내내 불안하고 두렵다. 하지만 기준은 너무나 높고 먼데다 무자비하다. 대개의 고군분투는 회피와 변명 그리고 체념과 절망으로 이어지기 일쑤다. 자포자기, 자기부정, 혹은 자기기만. 기쁨도 자유도 박탈당한 생기 잃은 삶에는 자기혐오로 가득하다. 슈디즘과 맞바꾼 대가치고는 너무 가혹하지 않은가.

대개는 그것이 슈디즘의 패악질인 줄도 모른다. 하지만 깨닫는다고 해도 헤어나기가 쉽지 않다. 몇 가지 이유가 있다. 무엇보다 슈디즘이 약속하는 특권(?)이 달디 달기 때문이다. '마땅히-반드시-절대로'의 기준을 앞세우면 왠지 쉽게 상대를 통제할 수 있을 것만 같거든. 나의 욕구를 모두의 도리로 포장할 수 있으니까.

"그건 내 생각이 아니야. 원래 그래야만 하는 거라고! 그러니 잔말 말고 그렇게 해."

소위 '꼰대'들 혹은 꼰대 같은 마음이 슈디즘에 탐닉하는 것은 바로 이 때문이다. 상대를 당당하게 비난하는 데도 슈디즘은 한몫한다. 슈디즘의 기준을 들이대는 나는 맞고 그 기준(기대)에 부합하지 않은 행동을 하는 너는 틀렸다는 확신을 갖게 해주기 때문이다. 거기에 면피 효과도 한몫한다. 내가 한 선택의 책임을 바깥으로 돌릴 수 있기 때문이다. 이 얼마나 은밀하고 달콤한가! 교활하고 음험한 슈디즘에 '머스터베이션MUSTurbation'[22]이라는 야릇한 별명이 붙은 이유다.

하지만 그 중독의 과정과 결과는 차라리 학대에 가깝다. 결국 직면해야 하는 것은 현실이기 때문이다. 반드시 착해야만 하는데 간혹 착하지 않은 나는 부끄럽다. 절대로 실패해선 안 되는데 그만 실패하고만 나는 우울하다. 설사 성공했다 하더라도 계속 유지해야만 하는데 그러지 못할까 봐 불안하다. 내 앞의 상대는 어떤가? 마땅히 나를 이해해줘야만 하는데 이해는커녕 원망하고 비난하는 모습이라니. 당연히 그 정도는 해줄 줄 알았는데… 괘씸한 생각이 든다.

내 삶은 또 어떻고? 내게는 절대로 그런 일이 생기면 안 되는데 왜 이런 시련이 찾아온 걸까? 내가 무슨 죄를 지었기에… 지금 여기 나와 내 삶, 내 관계에서 벌어지는 현실을 인정하지 못하게 만드는 슈디즘은 끊임없이 집요하게 우리를 자책하고 좌절하고 절망하게 만든다. 그야말로 '자기학대 게임self-torture game'이다. 나를 가장 잔혹하게 학대하고 가장 불행하게 만드는 사람이 그 누구도 아닌 바로 나 자신이라니!
슈디즘에 깊숙이 마음의 발뒤꿈치를 물린 우리의 모습이다.

게슈탈트 기도

내 일을 내가 알아서 할 일이고,
당신 일은 당신이 알아서 할 일이다.

내가 이 세상에 온 이유가
당신의 기대에 맞춰 살기 위해서가 아니듯
당신 또한 나의 기대에 맞춰 살기 위해
이 세상에 온 것이 아니다.
당신은 당신이고, 나는 나다.

그런 우리가 이러구러
서로의 존재를 알아보게 된다면 그처럼 멋진 일이 또 어디 있을까!
하지만 그렇지 않더라도 어찌하겠는가.
그게 현실이라면.

혹시 해독제가 될까 싶어 요즘 내가 주기도문처럼 읊조리
는 게슈탈트 기도문이다.[23]

그것만이 진정한 나인가?

feat. '나'에 대한 슈디즘

"나는 __(형용사)__ __(명사)__ 이다."

"나는 _____ _____ 이다."

"나는 _____ _____ 이다."

"나는 _____ _____ 이다."

나는 누구인가요? 생각나는 대로 칸을 채워보세요.

그 문장에 잠시 머물러보세요. 어떤 느낌이 드시나요?

이번엔 감정과 감각에 집중해서, 소리 내어 읽어보세요.

자기 공감과 관련된 강연이나 워크숍에서 함께 하는 작업

중 하나다. 혹시 지금 그 빈칸을 채울 말이 떠오른다면, 한 문장 한 문장 채워보시길.

"어떤 존재가 되어가고 있는 중이신가요?Who are you being?"

십년 전쯤 포럼에 참석했을 때. 외국인 진행자가 물었다. 쉬운 말로 건넨 질문이었다. 하지만 얼른 대답할 말을 찾지 못했던 기억. 인간을 'Human being'으로 배웠지만 정작 'being'으로 나를 생각해본 적은 없었던 거다. 대신 익숙한 문장은, "나는 _____ 한 _____ 다!"

다시 "나는 ____ 한 ____ 이다."라는 문장의 빈칸을 들여다본다. 나의 직업, 나의 능력, 나의 성격, 나의 감정, 나의 외모… 다양한 나의 모습이 빈칸 위에 구름처럼 몰려든다. 내가 생각하는 나, 남이 생각하는 나, 내가 바라는 나, 남이 바라는 나.

어느 쪽인지 헷갈리기도 한다. 상대에 따라 상황에 따라 골라 쓸 말들이 달라지기도 한다. 그 가운데 유독 '정답'처럼 여겨지는 것들이 있다. 살다 보니 점점 그게 옳거나 맞다고 여겨지는 나, 혹은 인정받는 나. 예를 들면 '나는 착한 딸이다', '나는 유쾌한 친구다', '나는 믿음직한 선배다', '나는 책임감 있는 동료다', '나는 배려심 넘치는 연인이다', '나는 유능한 크리에이터다', '나는 친구 같은 선생이다'. '나는 정의로운 시민이다'…

그 가운데 몇 개는 절! 대! 로! 포기하거나 타협할 수 없는 '나'다. 어느 순간부터 나의 페르소나가 된 나의 이름표!

"어떤 예술가도 매일 스물네 시간을 끊임없이 예술가로 있을 수는 없다."

슈테판 츠바이크의 말이다.[24] 어디 예술가만 그러겠는가. 언제나 '내가 정답처럼 생각하는 나'로만 산다는 건 불가능하다.

"나는 단수가 아니다."[25]

그렇다. 우리는 누구나 복수다. 착하지 않은 딸, 유쾌하지 않은 친구, 배려심 없는 연인, 믿지 못할 선배, 책임감 없는 동료, 꼰대 같은 선생, 정의롭지 못한 시민… 가끔 혹은 자주 나는 그렇게 살고 있다. 모두 다 현실 속 내 모습이다.

"나는 젊고 아름다운 여자다."

24시간도 아니고 평생 그런 자신만 인정한 여배우들이 있었다. 젊지 않으면 아름다울 수 없다고 여겼던 걸까. 더 이상 젊지 않은 때, 그들은 은둔을 택하거나 죽음을 선택했다.

나이 듦의 미덕과 아름다움? 그들에겐 위로가 되지 않는 위선일 뿐이었을까?

'젊고 아름다운 나'에 대한 집착은 여배우들만의 이야기가 아니다. 성형외과가 문전성시를 이룬다. 나 아직 늙지 않았다고, 절대 늙지 않을 거라고, 남녀불문 '동안' 열풍이다.

그 대열에 끼진 않았다 하더라도 늙음을 쉽게 받아들일 수 없는 건 나도 마찬가지다. 그렇지 않아도 나쁜 시력인데, 눈에 안 좋다는 염색을 굳이 하는 것도 그래서다. 내 눈엔 멋지게 늙어가는 H 선배. 그는 언젠가부터 사진을 찍으려 하지 않는다. 주름살 가득한 자신이 너무 추해 보여서란다.

"나는 ____한 ____이다."란 기준에 오래도록 매이면 매일수록 어느 새 그 문장은 "나는 ____한 ____이어야 한다'로 굳어지기 십상이다. 외모, 학력, 능력, 직업, 성격, 감정… 그게 무엇이든, 나에 대한 종신형을 선고하는 순간, 그 외의 존재 가능성은 모두 부인된다.

진짜 현실 속에 ○○○하지 못한, 혹은 ○○○가 아닌 나들은 인정할 수도 없고, 인정해서도 안 되는 존재들이 되어버리고 만다. 남들보다 자신이 먼저 인정하지 못하게 된다.

○○○하지 못한, 혹은 ○○○가 아닌 나의 모습을 직면하는

것은 고통스러운 일이다. 특히나 사회에서 상대적으로 힘없는 소수일 때, 빽 없는 약자일 때 누구보다 자기 자신을 있는 그대로 인정하고 지켜낸다는 것이 얼마나 큰 용기가 필요한지! 대개는 그런 나는 존재하지 않는다고 자기를 속이거나 남을 속인다. 없는 척, 아닌 척 그렇게 산다. 있는 걸 인정하지 않고 감추려다 보니 대개 비슷한 지점에서 '쪽팔림'과 '심기 불편'은 반복된다! 불안과 절망이 나날의 OST가 된다.

> "죽을 때까지 사람은 자신과 하나가 되지 못해 절망하고 마찬가지로 자신과 하나가 되지 못해 절망하는 자신을 없애지 못해 절망한다."[26]

인생 L-I-F-E. 내게 그 말은 이제 '하루하루 자유롭게 사는 것_{Live In Freedom Everyday}'이다. 이를테면 자기에 대한 편견, 자신에 대한 고정관념 없이 자기 자신이 온전히 이유가 되는 삶! 더 이상 되어야만 하는 나에 붙들려 살지 않는 삶이다. 있는 그대로의 나와 하나가 되어 살아가는 삶. 되고 싶은 나를 향해 나아가는 삶이다. 그때 배경음악으로 깔릴 만한 나만의 애국가로는 어떤 노래가 좋을까… 어디 보자.

후보곡1. 뮤지컬 〈라카즈_{La Cage aux Folles}〉의 'I am what I am'
후보곡2. 창작국악동요 '모두가 꽃이야'

완벽주의자에게 현실은 왜 악몽인가?

feat. 이상

"엉덩이는 낮게! 이상은 높게!"

오래전 어느 화장실 벽에 적힌 글이다. 현실감각과 목표설정. 그 관계를 알려주는 유머 신공이 가히 만렙이다. 이 정도면 낙서라기보다 죽비다.

"이상주의자는 위험하다. 현실을 혐오하게 될 테니까."

— 아나톨 프랑스

이상주의자의 최종 목적지 '이상향'을 의미하는 Utopia. 그 어원은 '이 세상 어디에도 없는 곳'이다. 현실 세계에선 존재하지 않는 곳을 기준으로 삼는 이는 마치 사막을 건너면서 북극성에 도달해야만 한다고 믿는 여행자와 같다. 길을 잃지 않기 위해서 찾아보고 바라보며 걸음을 내딛는 좌표 혹은 목표가 지금 당장의 기준이 될 때 삶은 가혹해진다. 현실은 혐오의 대상이 된다.

그 비현실적인 기준으로 관계를 맺어갈 때 상대는 비난의 대상이 된다. 무엇보다 자기 자신에 대한 자책과 혐오가 뿌리 깊다. 공감은 어디에도 없다. 일상이 이상에 대한 허기로 가득할 때, 삶은 고통스럽고 관계는 번뇌의 근원처럼 여겨진다.

이상주의의 다른 이름은 완벽주의다. 여기엔 자동 옵션으로 따라붙는 것들이 있다. 불안과 좌절.

완벽하지 않을까 봐 불안하다. 결국 완벽할 수 없기에 매번 좌절한다. 완벽주의자에겐 현실 속의 최상급도 성에 차지 않는다. good-better-best로 모자라 기어이 bestest를 적어놔야 맘이 놓이는 모습이라니! 설사 꿈에 그리던 그 이상에 도달해도 완벽주의자들은 여전히 불안하고 배고프다. Not enough! 아직 충분하지 않다는 게 그들의 신앙고백이다. 완벽주의를 우리가 자신을 학대할 수 있는 가장 잔인한 태도라고 하는 이유다.

완벽주의자의 숙명은 끝없는 '노오오오오오력'이다. 남보다 잘 아는 것? 전보다 잘하는 것? 그런 것은 의미 없다. 스스로 인정할 수 있는 것은 오직 하나. 기준으로 설정한 이상적인 목표지점에 착지했을 때뿐이다. 그것도 완벽하게! 단 한 번의 실수 없이! 한 치의 모자람도 없어야만 한다. 힘들수록 비참할수록 좋은 징조라고 스스로를 다독인다. 지금을 들여다보기보다 다음을 기대하는 것으로 스스로를 다그친다. 하지만 완벽한 그 순간은 결코 오지 않기에 처절한 노력은 끝날 줄을 모른다. "두려움은 시작을 막지만 완벽주의는 끝을 거부한다."[27] 현실에서 완벽주의자의 연관 검색어는 '좌절', '자책', '절망'이다.

완벽주의자의 질병은 '공감 능력 결여'다. 완벽하지 못한 것들을 이해할 수도 인정할 수도 없게 만드는 '완벽해야만 한다'라는 기준은 일상에서 마주하는 상대의 현실을 있는 그대로 이해하고 받아들이는 것을 불가능하게 만든다. 타인에 대한 공감뿐만이 아니다. 자기 자신의 현실도 예외가 아니다. 이럴 수도 있고 저럴 수도 있다는 건 '이상'이라는 유일무이 정답의 시선에선 모두 오답 처리 대상이다. 이상이 강한 나, 아는 나, 빛나는 나, 잘 생긴 나, 젊은 나, 용감한 나일 때 약한 나, 모르는 나, 어두운 나, 못생긴 나, 젊지 않은 나,

두려워하는 나는 혐오와 멸시 혹은 부정의 대상일 뿐, 현실 속 있는 그대로의 나를 이해하고 받아들이는 자기 공감, 자기존중은 여기에 없다. 소통의 에너지를 재충전할 기제가 없다는 뜻이다.

너와 내가 진정한 우리가 되는 순간은 서로가 완벽함을 인정할 때가 아니다. 오히려 서로에게 스며들 수 있는 숭숭 뚫린 '구멍Porosity'을 발견할 때다. 쩍쩍 금 가기 쉬운 틈을 보여줄 때 우리는 연대감을 느낀다.

완벽주의는 그런 구멍을 견디지 못하게 한다. 그런 틈을 인정하지 못하게 만든다. 뭔가를 해서 실수나 실패를 했을 때 완벽주의의 반응은 '이런! 내가 실수를 했네.'가 아니다. 대신 '이런! 내가 실수를 하다니, 난 실패한 인생이야!' 단 한 번의 행동만으로 그 존재를 낙인찍는다. 가차 없다. 어디 그 순간뿐이랴, '부족한 존재', '실패한 인생'은 완벽주의자의 묘비명이 될 것이다.

어쩌다가 난 몸의 말을 듣지 못하게 되었나?

feat. 감각

뒤늦게나마 몸 공부를 시작했다. 어이쿠야! 내 몸의 정렬이 얼마나 뒤죽박죽인지 이제야 하나둘 눈에 띈다. 태어나길 고루고루 쓰게 되어있다는 몸. 내게 왼쪽은 오른쪽에 비해 상대적으로 저개발 구역이다. 어깨 아래는 그 윗동네에 비해 슬럼 지대. 뒤쪽은 앞쪽에 비해 차라리 오지에 가깝다. 몸과 마음을 이어주는 숨도, 들이쉬고 내쉬는 길이 차이가 크다. 일단 습관적으로 한 손만 쓰는 이의 척추나 골반은 틀어져 있는 경우가 태반이라는데, 다른 곳은 오죽할까 싶다.

몸의 말은 솔직하다. 감정을 전할 때 특히 그렇다. 입과 귀와는 상관없이 오가는 몸의 대화. 서로의 무의식이 주고받는 대화랄까. 느끼는 말, 보이는 말이다. 예를 들면…

입술이 바짝바짝 마른다? 마음이 평온하지 않다는 말이다. 입꼬리가 올라가고 볼이 발그레해진다? 좋아한다는 말이다. 어깨가 뒤로 젖혀지고 목소리가 커진다? 으쓱으쓱 자신 있다는 거다. 입술이 일자로 굳게 다문다? 더 이상 감정을 들키고 싶지 않다는 거다. 눈동자가 흔들리고 등이 딱딱해진다. 자꾸만 무릎도 꺾이고? 외롭고 힘들다는 거다.

마음을 전하는 몸의 말. 둘러보니 우리말에 차고 넘친다.

발을 동동 구르는, 귀가 빨개지는, 억장이 무너지는, 가슴이 벌렁거리는, 간이 콩알만 해지는, 등골이 오싹한, 모골이 송연한, 손에 땀이 나는, 입술이 마르는, 콧등에 땀이 나는, 애간장이 녹는, 똥줄이 타는, 오금이 저리는, 손발이 오그라지는, 미간이 찌푸려지는, 눈꼬리가 올라가는, 엉덩이가 들썩이는…

몸이 전하는 나의 말! 남들은 단박에 알아보는데 정작 자신만 못 들을 때가 있다. 머릿속 삶이 슈디즘에 중독된 경우 특히 그렇다. 몸의 말을 무시하거나 억압하기 일쑤다. 통증만 해도 그렇다. 몸 좀 들여다보고 배려하라는 신호인 통증. 상태가 어떤지 그 원인이 무엇인지 알려 하지 않는다. 그저 참고 또 참거나 진통제의 도움을 받아 중추신경을 일시적으로 마비시킨다. 통증을 알려 주러 온 몸의 사신을 기절시키는 셈이다.

참는 게 습관이 되면, 감정의 변비처럼 감각에도 변비 현상이 발생하기 마련이다. 몸에 갑작스런 충격이 가해졌을 때조차 울음을 삼키듯 아픔을 삼킨다. '악~' 소리를 지르기보다 '흡~' 숨을 들이마신다. 견딜 수 없을 때까지 견디는 것이다. 그러다 보면 몸의 말을 감지하는 데 조금씩 더 둔감해진다. 그러는 사이 몸은 내내 긴장 모드. 뇌가 몸을 이완시키는 걸 잊어버리기 때문이다. 이런 상황이 오래 지속되면 끝내 감지불능, 통제불능 상태에 빠진다. 근육을 어떻게 움직여야 할지 거기서 무슨 일이 일어나는지 감지하지 못하는 것이다.

암벽을 타다가 떨어진 청년의 몸 이야기는 충격적이다. 몸이 매달린 줄과 ⊥ 자를 이루더란다. 기절한 상태에서도 몸이 긴장을 풀지 못해 ━ 자로 꼿꼿했기 때문이다. 평소에도 느낌이라는 게 있었을 텐데, 어떻게 그토록 자기 몸에 무지하고 둔감할 수가 있을까? 그저 남 이야기하듯 들었었다.

그런데 사돈 남 말 할 때가 아니었다. 갑자기 의식을 잃고 쓰러진 적이 있었다. 일주일간 병원에 입원해서 정밀진단을 받았다. 담당 의사는 원인을 모르겠다고 했다. 그리고 조심스럽게 덧붙인다. 어쩌면 자율신경계와 관련된 증상일 수도 있다고. 그럴 수도 있겠다 납득이 된 것은 한참 뒤의 일이다. 슈디즘과 자율신경계의 은밀하고 치명적인 관계를 듣게 된 것.

자율신경계의 작동원리는 무의식적 감정 상태. 그 무의식이 슈디즘에 중독되었다면?

모든 것을 이분법으로, 일방적으로, 인과적으로, 단선적으로 바라보는 슈디즘의 관점. 끊임없이 분별하고 평가하고 판단하는 슈디즘의 행동. 마땅히 반드시 해야만 하고, 절대로 해서는 안 된다고 단호하고 가차 없이 선 긋는 슈디즘의 말.

그런 것들을 나의 관점, 나의 행동, 나의 말로 삼을 때, 나의 자율신경계는 과도하게 긴장하고 흥분하게 된다. 이 상태가 오래 지속되면 몸은 과부하를 감당 못 해 그예 스위치를 내려버린다는 것이다. 기절은 어찌 보면 몸이 저 스스로 살려내려는 응급조치이자 내게 보낸 경고성 옐로카드였다.

도대체 어쩌자고 난 몸에 이토록 무지하거나 둔감했던 걸까? 보고 듣고 냄새 맡고 맛보고 손끝으로 느끼는 오감의 현장. 현실적으로 몸을 통하지 않고 경험할 수 있는 것은 하나도 없는데 말이다.

고백건데, 오랫동안 나는 몸을 그저 '머리 받침대' 정도로만 취급해왔다. 나라는 존재의 주소는 오직 머릿속이었을 뿐이다. "나는 생각한다 고로 존재한다." 데카르트의 정신적 후손들처럼 육체공포증에 전염된 것이 분명했다. 몸을 이야기하는 건 시간 낭비인 줄만 알았다. 몸을 들여다보는 걸 부끄럽게 느꼈다. 몸으로 하는 것을 내심 수준 낮은 일로 여겼다. 몸에 대한 지식을 쌓는 데는 부지런을 떨어도 몸을 경험하는 데는 게을렀다. 몸의 말을 들으려고도 하지 않았다. 자연히 몸이 말을 걸어와도 알아듣지 못하는 상태가 되었다. 알지 못하는 것에 대한 극도의 두려움과 혐오가 있었지만, 몸에 대한 무지는 예외였다. 알지 못하는 것이 아니라 알 가치가 없다고 생각했기 때문이다.

　　세상을 머리인 것과 머리 아닌 것으로만 갈라 살아온 날들. 그러다 된통 당하고 있다. 갑자기 몸 여기저기서 삐뽀삐뽀! 온 신경이 적신호를 따라 움직인다. 이쯤 되면 몸이 머리에 속한 것이 아니라 머리가 몸에 속한 것 아냐? 나이가 들어봐야 혹은 병이 생겨봐야 몸을 알아보게 되다니, 나 같은 '윤똑똑이'에게 몸은 참 가혹하고 생생한 깨달음의 장이다.

P. S.

아래는 요즘 내가 몸과 친해지기 위해 하는 작업.

켄 윌버가 가르쳐 준 방법이다.[28]

1. 바닥에 누워 눈을 감고, 몸 전체를 스캔하듯 느껴본다. 발바닥부터 정수리까지 거슬러 올라가며 천천히 세심하게.

2. 그 가운데 긴장이 느껴지는 곳에 집중한다. 어떤 근육들이 그 긴장에 가담하고 있나 살핀다.

3. 의식을 집중해 긴장감과 압력을 천천히 높인다.

4. 바짝 긴장된 근육을 천천히 이완시킨다.

하루에 15분 정도. 한 달간 지속해보라. 점점 몸의 감각을 세세하게 알아차리게 된다. 긴장한 몸이 조금씩 조금씩 자유로워진다.

나의 감정사전에는 몇 개의 단어가 있나?

feat. 공감&실감증

지금은 경쟁 아닌 공존이 생존전략이 된 시대. 그 어느 때
보다 '관계'와 '감정'이 키워드로 부상하고 있다. 그 두 단어
를 하나로 만드는 것이 '공감empathy'('타인의 감정, 고통으로 들
어가다'라는 뜻)이다. 이 능력을 키우려면 두 가지 전제 조건
이 있다.

첫째, 감정은 이해의 대상이지 판단의 대상이 아니라는 점을 받아
들이는 것.

둘째, 건강하고 섬세한 감정의 스펙트럼을 지니는 것. 사랑과 두려
움. 그 사이를 채우는 '희-노-애-락-애-오-욕'과 같은 기본 감정에

서 도덕적, 사회적 감정에 이르기까지 다양한 감정을 풍부하게 그래서 좀 더 정교하고 정확하게 표현할 수 있는 말의 창고 말이다.

지금 어떤 감정이 드는지 물어보면 곤혹스러워하는 사람들이 의외로 많다. 상대가 아직 감정을 나눌 만한 사이가 아니라고 생각해서? 그럴 수도 있다.

또 어쩌면 어떻게 표현해야 할지 막막해서? 후자의 경우 재차 물으면 다음 사지선다 중 하나로 대답하기 일쑤다.

① 좋아 ② 싫어 ③ 그냥 ④ 몰라

이쯤 되면 '실감증' 혹은 '감정 표현 불능증alexithymia'으로 진단해도 무방할 지경이다. 이 증세를 겪는 사람들은 자신들이 경험하는(!) 감정을 이해하지도 묘사하지도 못한다. 하지만 정작 당사자들은 자신들에게 아무런 문제가 없다고 주장할 가능성이 크다. 의사나 전문가를 찾아가 도움을 받으려고도 하지 않는다. 몸이 아플 땐 주저 없이 치료를 받으려 하지만 왠지 감정에 대해선 방어적이다. 특이한 점은, 그들 가운데 대부분은 부정적 감정을 경험할 때 신체적 통증을 호소하곤 한다는 사실이다.[29] 말로 표현하지 못하는 마음을 몸이 대신 전해준다고나 할까.

생각해보니, 화병으로 진단되는 증세가 딱 그렇다. 가슴이 답답하고 늘 체기가 느껴진다고 하시던 나의 어머니. 그러고 보니 슬프다, 우울하다, 화난다, 외롭다… 와 같은 감정을 어머니가 토로하는 걸 들어본 기억이 없다.

자기 안에서 일어나는 일들을 제대로 이해하지도 표현하지도 못하는 사람들. 이쯤 되면 이를 완화하거나 해소하는 데 심리적으로나 생리적으로 어려움을 겪게 된다. 이 무력감은 결국 자기 정체성의 위기로 이어지게 마련이다. 또한 자신의 감정을 인지하거나 표현할 말을 잃어버린 사람들은 타인의 감정을 인지하거나 이해하는 데도 어려움을 겪는다. 그러니 공감은 그야말로 '미션 임파서블'. 타인 공감은커녕 자기 공감도 어려운 처지다. 공감 능력이 결여된 상태에서는 '정서적 회복력emotional resilience'을 기대하기도 어렵다. 도대체 어쩌다가?

산다는 게 늘 앞으로 거침없이 뚜벅뚜벅 나아가는 것만은 아니지 않은가! 특히나 지금처럼 예측불허 불확실한 것투성이인 삶 속에선 흔들리고 넘어지고 쓰러질 일들이 다반사처럼 일어나기 마련이다. 위기에 직면했을 때 두려움과 절망을 추스르고 역경을 딛고 다시 일어나는 힘, 그것이 정서적 회복력이다. 자기 공감은 정서적 회복력을 키우는 베이스캠프다. 거기서 충전하는 에너지로 비로소 타인을 공감할 수 있

는 것이다. '인간이 인간에게 줄 수 있는 최고의 선물, 공감' 말이다.[30]

마음에 걸리는 말이 있다. 가령 "넌 이성적이라 생각했는데 가끔 보면 감정적일 때도 있더라."

'감정적'이라… 지극히 사실적인 평가일 수도 있다. 하지만 누군가가 나를 두고 이런 말을 한다면 영 불편한 감정이 들 때가 있었다. 왠지 비난받는 혹은 저평가되는 것처럼 느껴졌기 때문이다. 왜? 그런 감정 밑에는 아마도 다음과 같은 두 가지 생각이 깔려 있었던 건 아닐까 싶다.

1. 이성은 감정보다 우월하다.
2. 감정은 억제하고 통제해야 한다. 함부로 드러내서는 안 된다. 특히나 부정적인 감정은 말할 것도 없다.

우리 사회도 비슷한 증세를 보일 때가 있다. '지성인은 화를 내면 안 된다', '해병대는 두려워하면 안 된다', '남자는 눈물을 흘리면 안 된다', 슬프면 안 되고 우울하면 안 되고, 부러우면 지는 거고…. 감정을 두고 슈디즘이 만든 은밀하고 집요한 금기들이 수두룩하다. 절대로 그런 감정이 들어서도 안 되고 표현해서는 더더욱 안 된다니. 그렇게 믿다

보면 끝내는 감정의 마비![31] 서양 문화권보다는 동양 문화권 출신들, 여성보다는 남성들이 실감증으로 진단되는 경우가 더 많다는 과학적 물증 앞에서 줄줄이 떠오르는 낯익은 얼굴들… 아…

실감증 진단을 위한 정보

혹시 나도? 궁금하다면 인터넷에서 'TAS-20'을 검색해보라. 크게 세 가지 질문과 관련된 20문항으로 된 테스트다.[32]

1. 자신이 경험하는 감정이 무엇인지 인지하는 데 어려움을 겪고 있나?
2. 그 감정을 표현하는 데 어려움을 겪는가?
3. 주된 관심사가 바깥을 향해 있나? 상대 감정보다 그의 생각과 행동에 더 신경을 쓰는가?

실감증 예방을 위한 처방전 : '자각하는 것 자체가 곧 치유'라고 프리츠 펄스가 말했다. 깊고 섬세하게 자각해야 깊고 섬세하게 표현할 수 있는 법. 그럴 때 치유효과는 배가 될 것이다. 무엇보다 중요한 것은 스며드는 감정은 스며들도록! 터져 나오는 감정은 터져 나오도록! 그리고 그 감정에 걸맞는 이름 붙여 알아주기! 감정사전을 업데이트해야 하는 이유다.

내가 말할 수 없는 것과
말해선 안 되는 것들은 무엇인가?

feat. 금기

○○○만세

김수영

'○○○ 만세'

한국의 언론자유의 출발은 이것을

인정하는 데 있는데

이것만 인정하면 되는데

이것을 인정하지 않는 것이

한국 언론의 자유라고 조지훈이란

시인이 우겨대니

나는 잠이 올 수밖에

'□□□ 만세'

한국의 언론자유의 출발은 이것을

인정하는 데 있는데

이것만 인정하면 되는데

이것을 인정하지 않는 것이 한국 정치의 자유라고 장면이란

정치인이 우겨대니

나는 잠이 깰 수밖에

김수영의 미발표작인 이 시의 제목은 ○○○○○다.[33] '언론의 자유를 가로막는 건 무엇인가?'라는 질문에 대한 시인의 대답이다. ○○○○○는 금기어다. 미발표작이 된 이유다.

금기(禁忌). 마음에 꺼려서 하지 않거나 피하는 것들. 함부로 입에 올려서도 안 되고 맘에 담아서도 안 되고 더더욱 행하면 절대로 안 되는 것들. 동의할 수 없는 사회적 금기는 의도와 달리 개인의 자유를 자극한다. 하지만 내면화된 금기라면 얘기가 달라진다. 자유 대신 대개는 두려움을, 가끔은 경외감을 자극한다.

금기의 역사는 유구하다. 하지만 사람 사는 어느 곳에서나 여전히 현재 진행형이다.

금하거나 피하게 된 이유도 다양하다. 너무나 신성해서,

너무나 더러워서, 너무나 적나라해서, 너무나 위험해서… 그런데 그런 판단을 누가 내린 거지? 왜? 무슨 의도로? 무엇보다 그런 금기가 삶에는 어떤 영향을 미치고 있는 걸까? 우리 행동과 관계에 금기는 어떤 의미가 있는 걸까? 보는 관점, 처한 입장에 따라 답은 달라지리라. 하지만 확실한 것은, 금기가 많으면 많을수록 자유는 점점 더 위축되고 부정될 수밖에 없다는 사실이다. 그리고 그 금기를 지키는 게 불가능하다면? 위선이 우리의 삶이 될 것이다.

이것만은 절대 안 돼! 금할수록 그 존재감은 더욱 강렬해지기 마련이다. 어쩌면 금기의 역할이라는 게 원래 그런 걸까 싶을 만큼. 지도에는 나타나지 않은 38선처럼 말이다. 이곳에 사는 사람들의 마음속에 깊이 그어져 있는 그 선은 더 이상 넘어갈 수 없는 지점을 항상 환기시켜주고 있다. 끝까지 갈 수 없는 생각. 끝까지 가면 안 되는 행동들. 아니 끝은 커녕 반쯤 가다 제풀에 되돌아오게 만든다.

물론 금기의 혜택도 있다. 통제를 통해 공존을 위한 질서를 유지하게 해준다든지, 오래된 집단 지혜를 통해 위험한 시행착오를 줄여준다든지, 나아가 사회와 개인이 고차원 문명 단계로 진화해나가는 가이드라인이 되기도 하는 게 금기.

하지만 그 혜택 대신 치러야 할 비용도 만만치 않다. 금기를 받아들이는 대신 우리가 치르는 가장 비싼 대가는 자유. 앞서 김수영 시인이 언급한 언론의 자유, 정치적 자유만이 아니다. 일상을 꼼꼼히 누비고 마음을 깊숙이 장악한 수많은 금기들은 우리의 어떤 자유와 맞바꾼 것일까.

이 사회가 어떤 가치를 우선시하는가에 따라 그에 반하는 것은 개인의 삶 속에 '금기'로 자동 저장되기 마련이다. 예를 들어 성공을 최고의 가치로 여기는 곳의 금기는 실패와 실수 혹은 그와 관련된 고백이다. 행복을 최고의 가치로 여기는 곳의 금기는 슬픔이다. 건강을 최고의 가치로 여기는 곳의 금기는 질병이다. 청춘을 최고의 가치로 여기는 곳의 금기는 노화다. 지식을 최고의 가치로 여기는 곳의 금기는 무지다. 정답을 최고의 가치로 여기는 곳의 금기는 질문이다.

잠깐 펜을 놓고 묻는다. 나와 내 주변의 금기는 무엇일까?

몸 : 내게 머릿밑의 몸이 무지의 대상이라면, 배꼽 밑의 몸은 금기의 대상이었다. 히말라야에서 북극해에 이르기까지 세상 오 대륙을 누비고 다니던 나. 정작 나의 성(性)지인 그곳을 오래도록 오지로 여겼다. 무엇이 두려워서였을까?

눈물 : 함부로 감정을 드러내지 말 것! 이 땅의 어른, 특히

남자 어른들이 오랫동안 가슴에 새겨온 불문율이었다. 자신이 느끼는 감정 따위를 '시시콜콜' 타인에게 전하는 것은 '어른스럽지 못한' 행동이라고 여기는 것이 지배적인 문화였기 때문이다. 특히나 나약해 보이는 감정을 내보이는 것은 남자 어른들에겐 수치스러운 짓으로 간주되곤 했다(한류를 이끄는 드라마 주인공들 가운데는 눈물을 흘리는 로맨틱 가이가 단골처럼 등장하지만 말이다.). 그런 문화에 어렸던 나도 한몫거든 적이 있다. "사나이로 태어나서, 흘리지 말아야 할 것은 눈물만이 아닙니다." 오래전에 썼던 카피이다. 애초 남자 화장실용으로 썼던 그 카피 덕을 꽤 봤다. 하지만 지금이라면 그렇게 쓰지 않았을 것이다. 남자는 눈물을 흘리지 말아야 한다니, 무슨 그런 비인간적인! 이 땅의 남자들이 울음을 삼키고 눈물을 참아야 했던 이유가 설마 내가 쓴 카피 한 줄 때문이겠는가, 마는 왠지 물정 모르고 함께 날뛴 공범 같은 심정에 자괴감이 드는 건 어쩔 수 없다.

화 : 슬픔이 나약함을 드러내는 감정으로 간주되었다면 화는 미성숙의 소치로 여겨졌다. 남녀불문 유독 우아하고 지적인 정체성을 지닌 이들에게 화를 부정하는 경향이 있는 것은 바로 그런 이유 때문일 것이다. 달라진 안색과 목소리에 화났냐고 물으면 벌컥 역정을 낸다. "내가 언제 화냈다고 그

래?" 심한 인격적 모독을 느낀 표정으로. 어떤 이들은 자랑처럼 말한다. "난 지금까지 화를 내본 적이 없어" 격앙된 목소리로 표출하지 않는 한, 화는 아니라고 믿는 듯하다. 과연?

심리학자들은 화 역시 인간이 느끼는 다양한 감정 중 하나라고 말한다. 그저 숨기거나 누르거나 부정해서 될 일이 아니다. 제대로 표현되지 못한 감정이 몸과 마음에 어떤 영향을 미치는지 우리는 너무나 잘 알고 있다.

거절 : 그냥 싫다고 하면 될 걸 갖은 핑계를 댄다. 합리적인 이유를 대지 않으면 안 된다는 강박 때문인가. 아니면 내 감정을 솔직히 드러내는 게 불편하거나 두려워서? 거절을 못하는 이유가 뭔가 미련이 있기 때문이라는 말도 일리가 있다. 좋아하고 싫어하는 거야 자연스러운 거 아닌가. 그런데도 싫다는 말은 스스로를 '착한 사람'이라 믿는 이들에겐 금기다. 차라리 자기한테 잔인하게 구는 쪽을 선택하는 거다.

욕 : 일상 속 '금기'하면 자동으로 연상되는 말 가운데 욕이 빠질 수 없다. 외설이나 배설만큼이나 강력 규제 대상이다. 하긴 욕이라는 게 외설과 배설을 버무린 것이 대부분이니 그럴 만도 하다. 욕은 상스럽다. 그렇다고 해서 금기의 지하감옥에 가두고 살기란 불가능하다는 걸 우리는 안다. 특히

좌절과 분노와 놀람의 순간, 제어할 틈 없이 튀어나오는 것이 욕이다. 그 어떤 고상한 말로도 대신 할 수 없는 감정의 표현 수단이 절실하게 필요할 때가 있다.

무지 : 학생일 때 선생님은 다 아는 줄 알았다. 아이일 때 어른들은 다 아는 줄 알았다. 그 기대를 저버리는 게 두려워서였을까? 모를 때 모른다고 솔직하게 시인하는 선생님, 어른들을 만난 기억이 별로 없다. 그리고 나도 그렇게 어른이 되고 선생이 되었다. '모른다'는 '미안하다' 만큼이나 절대로 해서는 안 되는 고백이라 굳게 굳게 믿으면서.

실패 : 능력 경쟁에서 이기는 것이 생존인 곳에서 '실패' 만 한 금기가 있을까? 잃을 실, 잘못 실(失). 이 글자가 들어가는 말들은 불길하다. 그건 살아남지 못할 거라는 두려움과 동의어다. 그 두려움에 질려있는 한, 실패는 성공의 어머니? 그저 '구두선'일 뿐이다. 실패도 두렵고 그 떡잎인 실수조차 두렵다. 낯선 것, 불확실한 것들이 불안한 것도 그 때문이다. 삶은 이루거나 피하거나 둘 중에 하나를 선택하는 과정. 돌아보고 둘러본다. 원하는 결과를 이루기 위해 도전하기보다 원하지 않는 실패와 실수를 피하고자 오늘도 안전지대 안에서 고군분투 중!

악 : 절대로 아이들에게 악의 존재를 알리지 마라! 이순신의 유언처럼 우리 교육 현장은 철저하게 악의 존재를 금기 목록에 올려두고 있다. 마치 선만을 가르치면 선한 존재로 키울 수 있다는 듯. 내 경험상, 이 발상은 의도치 않은 효과를 지니고 있다. 현실 면역력을 떨어뜨리는 효과도 그러려니와, 무엇보다 금기시하는 것들에 대한 호기심을 키우는데 탁월하다.

돈 : 자본주의 사회에서 돈이 금기라니! 뭔가 앞뒤가 뒤틀려 있다. '(돈은 갖고 싶지만) 돈을 혐오한다', '(돈은 필요한데) 돈을 원하지 않는다'. 괄호 안의 목소리는 다른 이들에게만 보일 뿐, 정작 자신은 듣지 못하기 일쑤다. 삶은 돈에 매달려 있고 기대어 살고 있지만, 말과 마음만은 짐짓 딴 곳을 본다. 매사에 돈~ 돈~ 돈~? 오우 노~! 차마 천박하다 말은 못 해도 미간을 찌푸리게 된다. 연봉 협상할 때, 당당하게 얼마 달라고 요구한 기억이 없다. 그저 알아서 '적당히' 주려니 기대할 뿐. 표현에 소극적이어서? 그럴 수도 있다. 거절당할까 봐 두려워서? 그럴 수도 있겠고. 거기에 또 다른 이유가 보인다. 나는 돈부터 따지는 사람이 아니니까. 돈 따위 때문에 뭘 못하는 사람은 될 수 없으니까.

흰머리 : 젊음이 좋은 것이라는 믿음은 흰머리를 그냥 두지 않는다. 늙음이 추한 것이라는 믿음은 흰머리를 노추(老醜)로 여기게 한다. 나이 들면서 자연스럽게 늘어나는 것들. 이를테면 주름은 보톡스로 없애고, 흰머리는 염색으로 가리기에 급급하다. 자연스러운 아름다움? 그보단 역시 젊어 보이는 비결이 궁금할 뿐이다. 내게 흰머리는 있는 그대로의 나를 선택할 수 없게 만드는 금기다.

죽음 : 지금이야 웰빙만큼이나 웰다잉이란 말이 낯설지 않지만 여전히 '죽음'은 입에 담기 참 꺼림직하다. 이곳에서 4는 죽을 死자와 소리가 같다는 이유만으로 얼마나 억울한 대접을 받던가. 4층이 없는 고층 건물들을 보라. 1층, 2층, 3층 다음에 F층을 걸어놓고 시침 뚝. 죽음에 대한 두려움이 벌인 짓이다. 별짓을 다 해도 인간은 누구나 죽게 마련이다. 우리에게 닥칠 미래 중 가장 확실한 아니 유일하게 확실한 사건은 죽음뿐일지도. 그러나 우리는 마치 그런 건 없다는 듯 절대로 죽지 않을 것처럼 말하고 행동하며 살아간다. '죽음'의 'ㅈ'(자)도 입 밖에 꺼내지 못하게 만드는 무거운 금기의 불문율. 나는 그랬다. 특히 늙어가는 나의 부모가 자식 앞에서 죽음 운운하는 것을 못 견뎌 했다. 얼마나 비현실적인 리액션이었던지… 이제야 철들어 팔순을 훌쩍 넘긴 노모의 마무

리를 도울 용기를 내고 있다.

말대답 : 이곳에서, 침묵이 권고사항이라면 말대답은 금기사항이다. 특히나 '머리에 피도 안 마른 것들'이 자기 의사를 표현하는 걸 두고 '개진'하는 게 아니고 '개지랄'로 여기는 어르신들 앞에서는 더더욱. 주눅이 들어 입을 꾹 다물기라도 하면, 이번엔 어른이 묻는 말에 대답 안 한다고 불호령이 떨어질 수 있으니, 어느 장단에 춤을 춰야 할지… 민주주의 사회라는 간판은 내걸었어도 아직 나이 앞에서는 명함도 못 내미는 경우가 허다하다.

LGBT : 오랫동안 이성애자 아닌 사람들은 정신병자로 취급받아왔다. 받아왔다? 이때 과거형은 옳은 표현이 아닐지도 모른다. 예전보다 사회가 인정하는 성 정체성이 다양해졌다. 성 정체성이라는 게 후천적 선택이 아닌 타고난 현실이라면? 인정받지 못한 현실은 '금기'이고, 현실을 금기하는 것은 '폭력'일 뿐이다. '내가 나여선 안 된다'고 철퇴를 가하는 금기 속에서 LGBT의 삶은 가혹하다.

어디 이것들뿐이랴! 빨간 색연필로 쓴 이름처럼 생각만으로도 여전히 에비~! 떼끼! 불길하고 불편한 금기들. 지금도 내 안에 수두룩하다. "모든 살아 있는 문화는 본질적으로 불온한 것이다." 김수영의 말이다. 자유를 금기시하려는 세력들의 눈으로 보면 그렇다는 주장이다. 그렇다면 그 문장 속 '문화' 대신 생명, 존재, 삶을 넣어도 무방하리라.

QUESTION 7

생각의 안전지대라는 고정관념은
정말 안전한 걸까?

feat. 고정관념

☆, ○   어느 쪽이 별 모양인가?

고정관념에 대한 고정관념이 있다. '고정관념은 나쁘다!'라는 생각이다. 정말 그런가?

그렇게 나쁘기만 하다면, 왜 많은 사람이 그걸 버리지 못하는 걸까? 이유가 있을 터.

일단 편리하기 때문이다. 고정관념이란 일종의 인식 수납함이다. 낯선 정보가 들어와도 힘들지 않고, 수납함에 저장된 내용에 근거해 쉽게 판단할 수 있기 때문이다. 한 마디로 고정관념은 경제적인 사고방식인 셈이다. 정서적 측면에서 보자면, 고정관념은 인식의 안전지대이다. 아는 것, 익숙한 것들의 울타리 역할을 한다. 자꾸만 그 안에 머물게 되고 머물고 싶어지게 만든다. 그 경계 너머 낯선 것들로부터 지켜주는 심리적 보호벽인 셈이다. 함부로 그 선을 넘었다가는 시행착오를 겪기 십상일 터. 안전지대에 머물러야 할 이유는 차고 넘친다.

그러나 관점을 바꿔보면, 경제적이면서도 안전하게 여겨지는 고정관념은 '게으르고 편협한 사고방식'이다. 마치 딱 한 치수의 옷에 모든 몸을 끼워 맞추려 드는 것과 같다. 특히나 지금처럼 변화무쌍하고 불확실한 세상에서는 위험하기까지 하다. 모든 것이 얽히고설켜 복잡다단하고 경계조차 모호해지는 마당에, 과거의 경험과 지식에 기초한 고정관념은 현실을 제대로 인식하는 데 큰 걸림돌이 되기 마련이다. 우리가 '상식'이라 부르는 고정관념도 예외일 수 없다. 모두가 알아야 하고 따라야 한다고 굳게 믿는 상식의 본질도 따지고 보면 특정 시점, 특정 공간, 특정 상황에서나 유효한 다수의 편견 아닌가.

일상의 관계 속에서 고정관념은 또 어떠한가? 이 사람은 이런 사람, 저 사람은 저런 사람. 판단의 종신형이 내려지면, 상대를 새롭게 바라볼 여지는 점점 희박하다. 괄목상대할 여유도 의지도 없다. 미처 보지 못한 면들을 발견하는 기쁨도,

인정하는 예의도 기대하기 어렵다. 한 마디로 고정관념은 새로운 가능성으로부터 우리를 차단한다. 우리를 편협하게 만든다. 고정관념이 만들어낸 기대는 자주 폭력적인 모습으로 나타난다. 예를 들면 건강, 정상, 능력, 어른… 등을 둘러싼 고정관념들. 그 밑바닥에 흐르는 건 두려움이다. 두려움이 클수록 안전지대의 울타리는 높고 경계선은 짙고 굵다. 하지만 새로운 것, 낯선 것들이 쓰나미처럼 몰려드는 지금. 안전지대의 둑이 무너지고 있다.

〈여행하지 않은 동물은 위험하다〉라는 기사를 읽었다. 한곳에만 오래도록 눌러앉아 사는 생명체일수록 취약해질 수 있단다. 경험이란 영어 단어 ex+peri+ence를 분석해보면, out of peril, 즉 '위험에서 벗어나다', '위험한 변경을 넘어서다'라는 메시지가 읽힌다. 생각의 안전지대를 고집하는 우리에게 그 경계를 넘어선다는 것도 마찬가지 아닐까. 살아있다는 것은 모두 변화하기 마련인데, 고정된 틀에서 한 발자국도 나아가지 않는 사고방식은 게으른 것을 넘어 죽은 것일지도 모른다. 생각의 안전지대는 그래서 안전하지 않다. 위험하다는 말이다.

내가 모르는 나? 그걸 누가 알지?

feat. 자기기만

> "진실을 추구할 때 가능한 가장 끔찍한 일은 진실을 알게 되는 일이다."
>
> - 수전 손택

《황제내경》을 읽다가 흠칫한 내용을 만났다. 순탄치 않은 삶을 살다간 소동파 이야기다. 마음의 평화를 목표로 수행 정진하던 그. 마침내! 무슨 일이 일어나든 어떤 감정, 어떤 욕망에도 흔들리지 않을 자신이 생겼다. 그런 경지에 이른 자신의 변화를 무심한 듯 시로 짓는다. 도반이자 멘토인 봉인 스님에게 인편으로 전했다. 그런데 돌아온 답신은 딱 한 줄.

"헛소리!"

예상치 못한 악플에 분기탱천한 소동파. 한달음에 달려가 따졌다. 그 모습을 보며 스님 "크크크 낄낄낄 껄껄껄." 무엇에도 흔들리지 않게 되었다는 양반이 고작 '헛소리'라는 그 한마디에 부르르 하시다니요! 책에는 거기까지. 다음 장면이 궁금해졌다. 그 순간 소동파는 '아차~' 했을까 '아하!' 했을까? 설마…'뭐래~?'한 건 아니시겠지?

자기가 자기 자신에게 감쪽같이 속을 때가 간혹 있다. 아니, 어쩌면 늘. 그런 줄 주변에선 금방 알아챈다. 뿌리 깊이 몸에 밴 습관처럼 정작 본인만 그런 줄 모를 뿐이다, 자기 자신에 대한 '끈질기고 맹목적인 무지!'[34]

아닌 걸 그런 줄 알고, 그런 걸 아닌 줄 안다. 있는 걸 없는 줄 알고, 없는 걸 있는 줄 안다. 적은 걸 많은 줄 알고, 많은 걸 적은 줄 안다. 내가 알고 있는 나와, 내가 사는 나의 모습이 따로국밥이다. 남을 속이는 것과는 그야말로 '클래스'가 다르다. 누구보다 똑똑하고 합리적으로 보이고 싶어 하는 우리가 어쩌다가 이런 무지의 늪에서 허우적대고 있는 걸까?

보고 싶은 것만 보고, 믿고 싶은 것만 믿고 싶은 마음 때문일 것이다. 머리로는 객관적으로 보고 합리적으로 믿는다는 자부심이 가득한데, 그 마음을 어찌하지 못해 무의식과 거래한다. 그냥 모른척하기로. 특히 인정하고 싶지 않은 나의 현실 앞에서 내 의식은 청맹과니가 된다. 그런 나는 없는 것처럼, 내가 아닌 것처럼.

뻔뻔해서가 아니다. 있는 그대로 대면할 자신이 없어서다.
자기기만에 빠져 있는 동안, 나의 말들은 현실의 나를 멀찌
감치 떼어놓느라 바쁘다.

"아이 정말~ 나 화 안 났다니까!"
해석 : '미성숙한' 감정, '부정적' 감정. 그래서 인정할 수 없는 감정
은 나의 감정이 아니다.

"자식이 부모 말 들어야 하는 게 인간 된 도리 아냐?"
해석 : 상대를 내 마음대로 통제하고 싶은 '꼰대' 같은 욕망 같은 거,
내게는 없다.

"어쩔 수 없었어! 나도 상황의 피해자라고."
해석 : 내가 한 행동이지만 그것은 나의 선택이 아니다.

"그때 네가 그렇게만 안 했어도…"
해석 : 나의 책임도 나의 것이 아니다.

자기기만. 무지라고 하지만 끈질기게 맹목적으로 매달리
는 데는 다 이유가 있을 것이다. 그렇게 하는 것이 득이 된

다고 본능적으로 느끼기 때문이리라. 자아도취니 긍정의 힘이니 그런 면도 물론 자기기만을 선택하는, 혹은 자기기만에 빠지게 되는 동기가 될 것이다.

하지만 더 깊은 곳에서 느끼는 혜택이 있다. 비난받지 않을 테니까. 수치스러워하지 않아도 될 테니까. 미안해하지 않아도 될 테니까. 양심의 가책 같은 거 느끼지 않아도 되니까. 무엇보다 책임지지 않아도 될 테니까. 자신의 감정을, 욕망을, 책임을 선택하지 않기를 선택하는 이유다.

하긴, 원하지 않는 진짜 현실은 고통스럽다. 그런 진실로부터 자신을 지키려고 나도 모르는 사이에 장착하게 되는 마음의 방탄조끼, 그래서 자꾸 껴입게 되는 게 자기기만이다.

그러나 세상에 공짜는 없는 법! 그 방탄조끼 때문에 치러야 할 대가가 생각보다 비싸다. 가혹할 만큼. 사실, 자기기만의 충격은 진작부터 은밀하게 지속적으로 몸과 맘에 행해진다. 뫼비우스 띠처럼 하나로 이어져 있기 때문이다. 의식과 무의식이 서로에게 영향을 주기 때문이다. 자기기만은 의식과 무의식의 갈등을 낳고 정신과 육체의 분열을 야기한다. 이 상태가 오래되면 감각은 교란되고 감정은 불안하게 흔들린다. 찜찜하고 불편한 뭔가가 느껴질 터. 어딘가 체한 것도 같고.

그러나 익숙한 듯 대개는 그냥 지나친다. 자기기만에 중독된다는 것은 결국 내 감각, 내 감정, 내 욕망을 믿을 수 없게된다는 의미다. 내가 나를 인정하지도 믿지도 않는 삶은 그래서 불안하다. 생기도 확신도 사라진다. 대신 주어지는 것은 무력감과 참담함, 수치스러움과 외로움, 자기기만은 그래서 자기 배반이다. 자기 자신에게 배반당한 삶에 자기 자신으로 살 자유는 주어지지 않는다. 자기 자신으로 살 자유(自由), 그것은 선택한 현실을 책임지려는 성숙한 삶의 몫이니까! 그런 용기는 내가 나를 믿어줄 때, 내가 나로 살아갈 자유를 포기하지 않을 때 나오는 것이니까!

그나저나, 생각이 많고 말 좀 하는 사람일수록 자기기만에 중독될 가능성이 높다 하니, 그런 분들, 특히 유념하시…. 어라, 그럼 내 이야긴데?

P. S.

다음 페이지는 자기기만 성향을 진단하는 폴후스 교수의 질문들. WSJ의 기사에 소개된 내용이다.[35] 평소 나는? 다시 들여다본다.

1. 내가 느끼는 첫인상은 항상 맞다.

1 아니다 　 2 　 3 　 4 어느 정도 그렇다 　 5 　 6 　 7 매우 그렇다

2. 나는 남들이 나를 실제로 어떻게 생각하는지 알고 싶지 않다.

1 아니다 　 2 　 3 　 4 어느 정도 그렇다 　 5 　 6 　 7 매우 그렇다

3. 일단 내가 결심한 이상, 좀처럼 남들에게 설득당하는 법이 없다.

1 아니다 　 2 　 3 　 4 어느 정도 그렇다 　 5 　 6 　 7 매우 그렇다

4. 나는 내 운명을 전적으로 내 뜻대로 개척해간다.

1 아니다 　 2 　 3 　 4 어느 정도 그렇다 　 5 　 6 　 7 매우 그렇다

5. 나는 결코 내 결정을 후회하지 않는다.

1 아니다 　 2 　 3 　 4 어느 정도 그렇다 　 5 　 6 　 7 매우 그렇다

6. 나는 완전히 이성적인 사람이다.

1 아니다 　 2 　 3 　 4 어느 정도 그렇다 　 5 　 6 　 7 매우 그렇다

7. 나는 나의 판단을 확신한다.

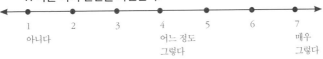

1 아니다 　 2 　 3 　 4 어느 정도 그렇다 　 5 　 6 　 7 매우 그렇다

※ 이미 눈치챘겠지만, 점수가 높을수록 자기에게 속을 확률이 높다.

더 나은 나를 위한 피드백, 왜 불편한 걸까?

feat. 피드포워드

피드백을 빙자한 판단일 때가 많기 때문이다. 싸잡아서 좋네 나쁘네, 맞았네 틀렸네… 마치 재판관이라도 된 양, 탕-탕-탕- 판결을 내린다. 아무리 숨기려 해도 느껴지는 그 오만함. '내가 너보다 한 수 위'라고 말하는 시선은 늘 불쾌하다.

아주 드물게 판단이 아닌 진정한 피드백을 받을 때가 있긴 하다. 그래도 불편하긴 마찬가지. 그 맛이 영 씁쓸하기 때문이다. 마치 쓸개를 떼지 않고 끓인 생태탕 같다. 하지만 그런 내색도 함부로 못 한다. 아무렇지도 않은 듯 표정 관리하는 것도 고역인데 심지어 감사 인사까지?

씁쓸하고 쓰라리긴 하지만 성장과 성공에 도움이 될 거라고? 음… 그건 목표지향형에나 먹힐 이야기. 내 경우 대개는 성취에 대한 기대보다 상처에 대한 두려움이 더 힘이 셌다. 게다가 쓰라리기만 했을 뿐, 결코 혹은 그다지 도움이 안 된 경험도 부지기수. 피드백을 멀리한 또 다른 이유다.

그나저나 쓰리지 않은 유용한 피드백은 없을까? 있다. 피드포워드feedforward를 섞어 쓰면 된다.[36]

이미 한 일에 대해서 무엇이 왜 좋았는지 알려주는 게 피드백이라면 앞으로 할 일에 대해 무엇을 어떻게 하면 좋을지 제안해주는 게 피드포워드.

효과적인 피드백 혹은 피드포워드가 되기 위해선 몇 가지 중요한 원칙이 있다. 그 가운데 일단

1. 어떤 부분에 대한 것인지 구체적으로!
2. 그 부분에 대한 평가 대신 내 생각, 내 느낌이 어떤지 주관적으로!

이렇게 하면, 객관적이고 절대적인 평가를 하겠다는 유혹에서 벗어날 수 있다. 다른 사람, 다른 기준, 다른 관점에선 생각과 느낌이 또 다를 수도 있다는 가능성이 열린다. 이것만으로도 피드백은 상대가 안심하고 자신을 비춰보는 성찰의 거울이 될 수 있다. 이때 유용한 것이 '나의 조하리 창My Jo-Hari window'이다.

〈나의 조하리 창〉

자신에 대한 피드백 수용 정도 →

자기 노출/표현 정도 ↓

I. 소통 영역	III. 맹점 영역
나도 알고 남도 아는 나	나만 모르는 나
II. 비밀 영역	IV. 미지 영역
나만 아는 나	나도 모르고 남도 모르는 나

가장 갈등지수가 높은 영역은 'III. 맹점 영역. 나만 모르는 나'다. 남들은 다 알아채는데 정작 당사자만 모르는 존재의 사각지대다. 참 거시기한 지점이 아닐 수 없다. 여긴 아무리 들여다봐도 보기 힘들 때가 있다. 내가 아는 나보다 어쩌면 가장 나일지도 모를 그 지점. 자기성찰을 하지 않는 둔감함과 정직하게 피드백 줄 용기가 없는 소심함의 콤비플레이가 자주 목격되는 곳이다. 그 바람에 이 영역은 자주 불통의 참사 지대가 된다.

제대로 된 피드백은 사각지대를 줄여주는 거울이다, 성찰과 성숙을 위한 쿠폰이다. 그 효과를 높이기 위해선 무엇보다 의도를 분명히 할 필요가 있다.[37] 나는 왜 이 피드백을 필요로 하는가? 왜 이 사람에게 피드백을 요청하는가?

1. 잘한 점을 **인정**받고 싶어서?
2. 정확하게 **평가**받고 싶어서?
3. 개선점을 **코치**받고 싶어서?

하지만 그 의도를 상대는커녕 나 자신에게도 정직하게 알려주는 경우가 드물다. 사실은 1번인데 3번인 척. 요청할 땐 분명 2번이었는데 어느 틈엔가 1번으로 휙~. 이렇게 되면, 점점 더 피드백을 주지도 받지도 않게 된다. 어쩌다? 가장 중요한 '사이'의 변수를 미처 고려하지 못해서 그럴 수도 있다. '신뢰!'

피드백을 주고받기 전에 스스로에게 물어보라. 우리는 서로를 신뢰하는 사이인가? 아니라면 피드백이니 피드포워드니 다 비추! 해주는 입장에서 상대에 대한 신뢰가 없다면 '해준들…' 싶을 테고, 받는 입장에서 상대에 대한 신뢰가 없다면 '지가 뭘 안다고…' 싶을 테니 말이다. 혹은 '내가 잘되는 꼴을 못 보는 인간인데…' 못난 의심을 하게 될 수도 있다.

변함없는 삶 vs 변화하는 삶,
내가 두려워하는 건 어느 쪽일까?

feat. 두려움 혹은 용기

모든 것이 한순간에 변해버릴 것만 같은 두려움과

평생 모든 것이 지금과 똑같을지도 모른다는 두려움.

그사이에 우리는 갇혀 살고 있다.

맞아! 파울로 코엘료의 《불륜》을 읽다가 무릎을 친다. 하지만 그 두 개의 두려움 가운데 감당하기 더 어렵게 느껴지는 쪽이 있으리라. 내게는, 모든 것이 한순간에 변해버릴 것만 같은 두려움이다. 갑자기! 온통! 낯선 것들에 둘러싸여 살아야 한다니! 차라리 낯익은 것들과 함께하기로 번번이 마음먹게 되는 건 그래서다. 지루하고 지겨울 때도 있지만 편안하고 안전하니까. 점점 더 새로운 것이 낯설고 두려워지니까. 다람쥐 쳇바퀴 돌리듯 익숙한 쪽을 선택한다. 어제도 오늘도 그리고 별일 없으면 내일도 똑같이…

그런데, 변수가 있었다. 나를 둘러싼 세상. 그 어느 때보다 변화무쌍하다. 복잡다단하고 도통 예측불허다. 과거의 지식이나 경험만으로 해결할 수 없는 일들이 하루가 멀다고 벌어지고 있다. 그런 현실 속에서 똑같이 살기로 작정한 사람들은 멀미가 날 지경이다. 여기저기서 부쩍 공황장애를 호소하는 목소리가 높은 건 아마도 그래서일 것이다. 웬만하면 알던 대로 살던 대로 살았으면 좋겠는데, 세상 돌아가는 게 웬만하지가 않다. 알고 있던 딱 하나의 정답도 유효기간이 만료된 걸까? 더 이상 안 먹힐 때가 많다. 그럴 땐 달리 도리가 없다. 이리저리 다양한 방법으로 해답을 찾아보는 수밖에. 혼자만의 능력으로 풀 수 없다면 십시일반 여럿이 머리를 맞대보기라도 해야 할 판이다. 그쪽이 아무래도 해결 가능성이 커질 테니까 말이다.

나에게서 우리Me-to-We로 살아가는 지혜. 아이고, 그게 어디 쉽나! 진정한 '우리'가 된다는 건 필요할 때 잠깐 빌려 쓸 수 있는 지혜가 아니다. 용기다. 어느 날 갑자기 긴 머리를 싹둑 자르는 용기와는 비교할 수 없을 만큼 엄청난 용기. 나와 다른 너를 이해하고 그런 너를 있는 그대로 존중하고 받아들일 마음을 먹어야 한다. 관계의 변화다. 의식체계 아니 존재 방식의 혁명이다.

외모도 생각도 심지어 감정까지 나와 같은 너만 '우리'로 쳐주는 배타적 순혈주의 앞에서 '나에게서 우리'는 그야말로 '구두선'에 그칠 확률이 높다.

협력을 통한 공존? 경쟁을 통한 생존 속에서 '협력을 통한 공존'이라는 게 일시적 거래 혹은 전략적 제휴를 의미할 때가 얼마나 많은가. 그 탓에 '우리'가 되고 싶은 욕망조차 퇴화한 줄 알았다. 그런데 나를 포함한 평범한 이들의 속내를 들어보면 그게 아닌 것 같다. 지금은 섬처럼 살아가고 있어도 평생 무인도가 되고 싶진 않거든!

사는 게 참 서툰 우리. 원하는 변화를 꿈꾸면서도 습관처럼 똑같은 걸 선택한다. 진심을 나누는 우리를 꿈꾸면서도 그 사이에 금을 긋고 벽을 세운다. 그럴 때마다 우리 안에서 들려오는 세 개의 목소리가 있다.[38] 결정적인 순간마다 '변화'를 가로막고 '우리'를 그르치게 만드는 배후 세력들, 낯이 익다.

판단의 목소리 Voice of Judgement : 닫힌 머리에서 나온다. 머릿속에서 평가하고 구분하고 차별하고 배척하게 만드는 목소리. OX를 가르고 선악을 가르고 나와 다른 남을 가르는 목소리다.

냉소의 목소리 Voice of Cynicism ： 닫힌 가슴에서 나온다. 나와 다른 남. 기대와 다른 나의 현실을 내 마음에서 멀찌감치 떼어놓는 목소리. 서로를 공감할 수 없게 만들고, 끝내 불신하고 부정하게 만드는 목소리.

두려움의 목소리 Voice of Cynicism ： 뱃속 깊이 장기에서 나온다. 실수와 실패 비난이 두려워 행동으로 옮길 의지를 접게 만드는 목소리. 어렵사리 판단을 내려놓고 냉소를 거두었다 하더라도 여기서 무릎이 꺾이곤 한다.

이 목소리들을 뚫고 원하는 변화, 예를 들면 더 성숙한 나, 더 친밀한 우리, 더 충만한 삶을 향해 발을 내딛으려면? 열면 된다. 머리를 열어 이해하고 존중하기, 가슴을 열고 듣고 공감하기, 의지를 열어 용기 내어 도전하기.

열려라, 참깨! 아무리 자기 암시를 주문처럼 되뇐다 한들 평생 닫고 살았던 '머리-가슴-의지'가 열릴 리 만무. 다른 질문이 필요하다. '왜 생각을 열고 마음을 열고 두려움을 넘어서야 하지?' 그 답이 생생하고 절실할수록 더는 세 개의 목소리를 따라가지 않을 힘이 생긴다.

두려움보다 원하는 삶을 사는 게 더 중요하다는 판단. 어떤 두려움에도 나의 삶을 포기하지 않겠다는 다짐. 그것이 내 자신을 사랑하는 것이고 나의 삶을 사랑하는 자의 선택이다. 용기는 두려움의 부재가 아니라 두려움보다 사랑이 더 클 때 나온다. '사랑의 반대말은 두려움이다.'[39]

두려움을 넘어
사랑이
나의 말버릇이
될 때까지

"지금 자신이 무엇을 하고 있는지 알기 전까지는 원하는 걸 이룰 수 없다."

- 모세 팰튼크라이스

이 책은 느낌표가 아니라 여전히 물음표다.

지금 내가 하는 것은 무엇인가?

특히 내가 버릇처럼 선택하고 있는 말은 무엇인가?

그 말버릇들은 내가 원하는 삶을 향해 있나?

내가 원하는 것은 평온한 마음과 성숙한 관계. 그리하여 자유롭고 충만한 삶. 그런데 과연 지금 내가 하는 것은 그런 삶에 어떤 영향을 미치고 있나?

방향도 영향도 확실하지 않을 때가 많다. 그저 막연하게 지속되는 불편한 감정, 불안한 마음, 그래서 초조한 상태.

'두려움'은 그런 거라고, 그리고 그 두려움은 어둠에서 꺼내 직면하는 순간부터 사라지기 시작한다고.[40]

그 말씀에 용기를 얻어 도전했다. 일단 내가 버릇처럼 선택하고 있는 말들과 직면하기. 그 안에서 슈디즘의 흔적과 그 영향을 들춰내고 싶었다. 마음과 관계에 미치는 그 영향은 들여다볼수록 헐~ 가히 맹독성이다. 작정하고 들여다보지 않았다면 내 안에 슈디즘이 똬리를 틀고 있는지조차 까맣게 모르고 살 뻔했다. 때로는 준엄하고 단호하고 명료하지만, 대개는 은밀하고 교묘하고 완곡하고 모호한 작동방식 때문이렷다.

오랫동안 약이려니 여기고 나의 말로 삼아온 것들 속에서도 슈디즘의 흔적이 그득하다. 마음을 지옥으로 만들고, 관계를 지뢰밭으로 만들고 있었다. 평온한 마음과 성숙한 관계. 자유롭고 충만한 삶? 슈디즘이 맹활약할수록 난 내가 원하는 삶으로부터 멀어지고 있었다.

이제 그 독성을 알았으니 슈디즘의 말버릇과 결별할 수 있을까? 지금까지 내 삶을 떠올리면 글쎄다. 솔직히 장담 못 하겠다. '안다'와 '산다'가 얼마나 다른 말인지 너무도 잘 느끼고 있기 때문이다.

일상의 이런저런 나쁜 습관들. 나쁜 줄 몰라서 못 버리는 걸까? 안다. 알면서도 못 버리는 이유는? 당장 누리는 달콤한 혜택을 포기하고 싶지 않기 때문이다. 그로 인해 치르고 있는 혹은 치러야 할 대가가 무엇인지, 삶에 미치는 영향이 어느 정도인지 지금 당장은 생생하고 절실하게 깨닫지 못하기 때문이다. 독인 줄 알면 단박에 뱉어낼 터! 슈디즘을 제대로 깨닫는다는 건 그런 거다.

그럴 때 비로소 원하는 삶에 한 발 더 가까이 내디딜 수 있으리라.

여기 도마 위에 올린 말버릇들은 슈디즘 부사만이 아니다. 마음을 가두고 관계를 흔든다고 여겨지는 것들이라면 함께 올려놓았다. 이 프로젝트를 관심 있는 많은 이들과 함께 준비했더라면 훨씬 풍부하고 깊이 있었을 것이다. 아쉬움이 크다.

다음 프로젝트로 '행복한 사전'은 어떨까. 생각만 해도 즐거운 그 작업을 여럿이 함께해보고 싶다. 지금 이 순간에 깨어있게 만드는 '성찰'의 말, 현실을 '지금 이대로' 바라보게 해주는 '지혜'의 말, 나 자신과 상대를 '있는 그대로' 받아들이게 해주는 '사랑'의 말. '행복한 사전'을 엮을 기회가 주어진다면 그런 말들이 나의 말버릇, 우리의 말버릇이 되는 계기를 만드는 게 목표다.

위험한 사전에 나오는 말들의 어원이 '두려움'이라면 행복한 사전에 나올 말들의 어원은 '사랑'일 것이다. 그 사이의 문턱을 넘는 것이 '용기'다.[4] 용기는 영웅들만의 특별한 능력이 아니다. 평범한 우리가 함께할 때 우리 안에서 조금씩 차오르는 것, 그것이 용기다. 두려움을 다루는 지혜다. 나는 그렇게 믿는다.

슈디즘 너머 '한 발짝 밖에 자유가 있다.'

두려움 너머 한 발짝 밖에 사랑이 있다.

나의 말로 자유와 사랑을 향해 내딛을지

익숙한 슈디즘과 두려움에 머무를지

새로운 선택의 기회가 다시 내 앞에 있다.

P. S.

이 책의 원고를 먼저 읽은 지인이 독후감을 전한다.

"여기 실린 단어들 읽고 있자니, 떠오르는 얼굴들이 정말 많네요 ㅎㅎㅎ"

어, 어, 설마 이 책마저도 타인을 판단하고 비난하는 또 다른 근거가 되는 건 아니겠지?

아무쪼록 자신이 선택하고 있는 관점과 영향을 비춰보는 말 거울로 삼아주시길!

참고문헌

1 p.019
"Should We Mind Our Language?" The Shrink&The Sage, Financial Times, Mar 8 2014

2. p.045
시드니 해리스의 말이다. "Middle Age is that perplexing time of life when we hear two voices calling us, one saying, 'Why not?' and the other, 'Why bother?'"

3. p.050
'두려움'은 시작을 막지만, '완벽주의'는 끝을 거부한다.'《피니시》의 저자 존 에이커프 와의 인터뷰 기사 중 일부이다. (2018.1.30.)

4. p.77
《The Emotional Intelligence Activity Book》에서 아델 린은 대화 중 흔한 듣기 습관을 6가지 유형으로 분류하고 있다. – 반박하기(the rebuttal maker), 충고하기(the advice giver), 끼어들기(the interrupter), 사실만 확인하기(the logical listener), 나꿔채기(the happy hooker), 듣는 척하기(the faker)

5. p.92
"Do or Don't. There is no 'try'." 〈스타워즈〉 다섯 번째 에피소드 〈제국의 역습〉 에서 요다가 한 말이다.

6. p.132
신형철, 남극기지 연구원이 한 말이다.

7. p.160
마이클 A. 싱어, 《상처 받지 않는 영혼》, 라이팅하우스, 2014

8. p.164
Eric Holtzclaw, Time, February 28, 2014, http://time.com/10686/1-word-that-immediately-kills-your-credibility/

9. p.194
니체의 말이다.

10. p.201
티모시 페리스 지음, 최원영 옮김, 《네 시간》, 부키, 2008

11. p.229
에이미 멀린스의 TED 강연, 〈역경의 기회The opportunity of adversity〉, 2009

12. p.247
《인요가-철학과 수련》

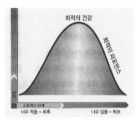

13. p.249
양민영, 〈여자가 힘이 세면 겪는 일〉, 오마이뉴스, 2018.10.21

14. p.263
제니퍼 헌트가 한 말이다.

15. p.264
Albert Camus et le bonheur (12 Mai 1959) 아래 글에 영어 해석이 나와 있다.
http://www.openculture.com/2017/03/albert-camus-explains-why-happiness-is-like-committing-a-crime.html

16. p.266
버나드 쇼가 한 말이다. "Self-sacrifice enables us to sacrifice other people without blushing."

17. p.275
카타야마 쿄이치 지음, 안중식 옮김, 〈비오는 날 돌고래들은〉 작품, 2005

18. p.280
혹시 '슈디즘'에 좀 더 알고 싶다면, 다음 책들이 도움이 될 것이다.
《내가 나를 치유한다》, 카렌 호나이 지음, 서상복 옮김, 연암서가
《펄스의 게슈탈트 심리치료》, 프리츠 펄스 지음, 최한나 변상조 옮김, 학지사
《불안과의 싸움》, 앨버트 엘리스 지음, 정경주 옮김, 북섬
《SHOULD : How Habits of Language Shape Our Lives》, Rebecca Smith 지음, Two Turtles Media

《칼 로저스의 카운슬링의 이론과 실제》, 칼 로저스 지음, 한승호 한성열 옮김, 학지사
《무경계》, 켄 윌버 지음, 김철수 옮김, 정신세계사

19. p.280
Rebecca Smith, 《SHOULD : How Habits of Language Shape Our Lives》,
Two Turtles Media, 2014

20. p.283
앨리스 엘버트 박사의 "The Three Basic Musts."가 불러일으키는 인지-정서-행동
은 REBT network를 참조. http://www.rebtnetwork.org/library/musts.html

21. p.284
솔제니친의 말 "선과 악을 나누는 경계선은 모든 인간의 심장을 가로지른다."를 차용했
다. 《전쟁 유전자》 말콤 포츠, 토마스 헤이든 지음, 박경선 옮김, 개마고원, 2011 재인용

22. p.287
Albert Ellis 다큐멘터리 "the war on MUSTurbation" 유튜브에서 같은 제목으로
시청할 수 있다.

23. p.288
Fritz Perls, 《Gestalt Therapy Verbatim》, 1969

24. p.291
슈테판 츠바이크 지음, 안인희 옮김, 《광기와 우연의 역사》, 휴머니스트, 2004

25. p.291
이영도 지음, 《드래곤 라자》, 황금가지, 2008

26. p. 293
키에르 케고르 지음, 강성희 옮김, 《죽음에 이르는 병》, 동서문화사, 2016
게리 콕스 지음, 강경이 옮김, 《이기적 삶의 권유》, 토네이도, 2013

27. p.296
동기부여 전문가 존 에이커프의 말을 인용했다.

28. p.302
켄 윌버 지음, 김철수 옮김, 《무경계》, 정신세계사, 2012 /

29. p.305
Ren J. Muller, 《When a Patient Has No Story To Tell》, Psychiatrictimes,
July 2000

30. p.307
칼 로저스 지음, 오제은 옮김,《사람중심 상담》, 학지사, 2007

31. p.308
실감증에 가장 큰 영향을 미치는 변수는 문화와 젠더라는 연구결과를 읽었다.
《The Cross-Cultural Brain》E. Zaidel, J. Kaplan, 2007
https://www.sciencedirect.com/topics/neuroscience/alexithymia

32 p.309
https://www.sciencedirect.com/topics/neuroscience/alexithymia

33. p.311
김수영 지음, 이영준 엮음,《김수영 전집 1, 2》, 민음사, 2018

34. p.325
아번저 연구소 지음, 차동욱 · 서상태 옮김,《리더십과 자기기만》, 위즈덤아카데미,
2006

35. p.328
Del Paulhus, Sue Shellenbarger의 칼럼 〈How Honest Are You With
Yourself?'〉에서 재인용, WSJ, Aug. 2, 2012

36. p.331
김호, 〈충고를 해도 미래지향형이 유리하다〉, 동아일보 칼럼, 2016.6.15.

37. p.332
Stone, Douglas/Heen, Sheila 지음,《Thanks for the Feedback : The
Science and Art of Receiving Feedback Well》, Penguin, 2015

38. p.336
오토샤머 지음, 엄성수 옮김,《본질에서 답을 찾아라》, 티핑포인트, 2014

39. p.338
다큐멘터리 〈로빈슨 주교의 두 가지 사랑〉에서 로빈슨 주교가 한 말이다.

40. p.340
쵸 트룽파께서 일러주신다.

41. p.342
데이빗 호킨스는 깨달음에 이르는 의식의 스펙트럼과 그 에너지 레벨을 수치화했다.
그에 따르면 두려움에서 사랑으로 넘어가는 문턱이 용기다.
데이빗 호킨스 지음, 백영미 옮김,《의식 혁명》, 판미동, 2011

위험한 사전

초판 1쇄 발행 2019년 10월 10일

지 은 이 전해자

기획편집 도은주
SNS 홍보·마케팅 류정화

펴 낸 이 윤주용
펴 낸 곳 초록비책공방

출판등록 2013년 4월 25일 제2013-000130
주   소 서울시 마포구 월드컵북로 402 KGIT센터 925C호
전   화 0505-566-5522 팩스 02-6008-1777
메   일 jooyongy@daum.net
포 스 트 http://post.naver.com/jooyongy

ISBN 979-11-86358-63-4 (03910)

이 도서의 국립중앙도서관 출판예정도서목록(CIP)은 서지정보유통지원시스템
홈페이지(http://seoji.nl.go.kr)와 국가자료공동목록시스템(http://www.nl.go.
kr/kolisnet)에서 이용하실 수 있습니다. (CIP제어번호 : CIP2019032886)